W0066374

Verlag der
Liebenzeller Mission

David Jaffin

Malmsheimer
Predigten

Verlag der
VLM
Liebenzeller Mission

ISBN 3 88002 344 1

Umschlagzeichnung: © goldenbaum-graphik, Pforzheim
Gesamtherstellung: Druckhaus Gummersbach,
Gummersbach-Derschlag
Printed in W.-Germany

Inhalt

Einleitung

Diese Malmsheimer Predigten sind im Grund genommen zwei Bücher in einem. Etwa die Hälfte der Predigten sind schon früher erschienen in meinen ersten vier Predigtbänden: INRI; Die Welt und die Weltüberwinder; ...der bringt viel Frucht; Jesus, mein Herr und Befreier — keines dieser Bücher ist jetzt vorrätig. Die andere Hälfte dieses Buches enthält neue Predigten, mit starker Betonung alttestamentlicher Textauslegung, die im gesamtbiblischen Rahmen zu verstehen sind. Sie sind nun etwas anders angeordnet, und zwar in der Reihenfolge der biblischen Texte von Anfang des Alten Testamentes bis zum Ende des Neuen Testamentes. Zwei dieser Predigten wurden früher schon in »Zuversicht und Stärke« veröffentlicht.

Das Buch ist natürlich meiner Gemeinde in Malmsheim gewidmet.

Pfr. Dr. David Jaffin
Malmsheim, Frühjahr 1988

Die Beschneidung

So nahm denn Mose seine Frau und seinen Sohn und setzte sie auf einen Esel und zog wieder nach Ägyptenland und nahm den Stab Gottes in seine Hand. Und der Herr sprach zu Mose: Sieh zu, wenn du wieder nach Ägypten kommst, daß du alle die Wunder tust vor dem Pharao, die ich in deine Hand gegeben habe. Ich aber will sein Herz verstocken, daß er das Volk nicht ziehen lassen wird. Und du sollst zu ihm sagen: So spricht der Herr: Israel ist mein erstgeborener Sohn; und ich gebiete dir, daß du meinen Sohn ziehen läßt, daß er mir diene. Wirst du dich weigern, so will ich deinen erstgeborenen Sohn töten. Und als Mose unterwegs in der Herberge war, kam ihm der Herr entgegen und wollte ihn töten. Da nahm Zippora einen scharfen Stein und beschnitt ihrem Sohn die Vorhaut und berührte damit seine Scham und sprach: Du bist mir ein Blutbräutigam. Da ließ er von ihm ab. Sie sagte aber Blutbräutigam um der Beschneidung willen.

2. Mose 4,20-26

Mose kehrte zurück nach Ägyptenland, nachdem er sich vierzig Jahre in der Wüste Midian als Schafhirte aufgehalten hatte. Der Herr hat diesen eifernden Mose, welcher Totschlag begangen hatte, hier in Midian gezüchtigt, 40 Jahre lang, die bisherige Hälfte seines Lebens. Er hat Mose Demut gelehrt. Er hat sein brennendes, eiferndes, leidenschaftliches jüdisches Temperament gedämpft durch das Alter und die tägliche Landarbeit. So wie Israel später vierzig Jahre durch die Wüste gehen muß, um befreit zu werden von allen ägyptischen Götzen, wie etwa dem goldenen Kalb, um Gehorsam und Demut vor seinem Gott zu lernen, so muß Mose diese vierzig Jahre vom Herrn gezüchtigt werden, bevor er sein richtiger Diener sein konnte. Das bedeutet, er mußte lernen, und zwar durch Mark und Bein gehend, daß der Herr ihn richtig führen werde, wie und wann er will. Er wird bestimmen und nicht ich, Mose, und meine Leidenschaft. So mußte auch Petrus vom Herrn lernen: »Petrus, als du jünger warst, hast du dich selbst gegürtet, aber jetzt wird ein anderer (der Herr selbst) dich gürten und dich führen auf Wegen, die du lieber nicht gehen möchtest.« Jeder Diener Gottes — wie zum Beispiel Jona, David, Saulus — muß so gezüchtigt werden, daß er durch und durch erkennt und auslebt, daß der Herr, sein Hirte, ihn führt, wie und wann und wohin er will.

Mose kehrte nach vierzig Jahren Freiheit zurück zu den Sklaven, und zwar als zuerst unwilliger Knecht. Er soll das Sprachrohr Gottes sein, er, ein Stotterer. Und er, der gewohnt war, als Hirte in der Wüste über seine Wege selbst zu bestimmen, soll jetzt mit achtzig Jahren plötzlich sein Leben drastisch ändern. Wem von uns könnte so etwas zugemutet werden — in diesem Alter? Damit will uns der Herr zeigen: Nachfolge kennt keine Grenzen, auch keine Altersgrenze. Kleine Kinder können Jesus Christus bezeugen durch ihre Liebe zu ihm, und sehr alte Menschen können und sollen das gleiche tun, auch gegenüber ihren Enkelkindern.

Ist es nicht so, daß die dynamische Leidenskirche Rußlands nur deshalb die kommunistische Revolution und ihre Folgen überlebt hat, weil die Großeltern ihren Enkelkindern von Jesus Christus, dem Sohn Gottes, erzählt haben, ihn bezeugt haben? Niemand ist zu alt, dem Herrn zu dienen durch Wort und Zeugnis. Der Herr hält zu uns auch im Alter, selbst im tiefsten Leiden.

Was dann Mose unterwegs geschieht, ist eines der tiefgründigsten und interessantesten Ereignisse im Alten Testament, aber für die meisten Leser heute rätselhaft, unbegreiflich. »Und als Mose unterwegs in der Herberge war, kam ihm der Herr entgegen und wollte ihn töten. Da nahm Zippora, Moses Frau, einen scharfen Stein und beschnitt ihrem Sohn die Vorhaut und berührte damit seine Scham und sprach: 'Du bist mir ein Blutbräutigam.'« Was soll das alles bedeuten?

Denken wir zuerst zurück an Jakobs Kampf mit dem Herrn und wie Jakob sagte: »Ich lasse dich nicht, du segnest mich denn.« Jakob wird danach Israel genannt. Jakob bedeutet »der Betrüger« und Israel »der Gottesstreiter«. Hier wird dieser Segen dem Vertreter des Volkes Israel, Mose (durch seinen Sohn), bis ins Blut hinein gegeben. Dieses »Blutbräutigam« bedeutet, daß Israels Segen, seine Erwählung zutiefst mit Leiden zu tun hat, bis ins Fleisch hinein. War das nicht gerade die damalige Lage der Israeliten? Sklaverei, vernichtet werden von der Weltmacht, den Ägyptern? Ihre neugeborenen Söhne sollten auf Anordnung des Pharao getötet werden. Dazu ist dieser Text eine Auslegung des vorangehenden Satzes: »Israel ist mein erstgeborener Sohn.« Im gleichen Buch Exodus steht später geschrieben — nachdem jeder älteste Sohn der Ägypter in der zehnten Plage vom Todesengel umgebracht worden ist —, auch in Israel gehöre jeder älteste Sohn, überhaupt das Beste von Menschen, Tieren und von der Ernte dem Herrn, als Zeichen dafür, daß letzten Endes alles ihm gehört. Diese Beschneidung von Moses Sohn zeigt, daß Israel als Volk Gottes sein erstgeborener Sohn ist, ihm ganz und gar gehört. Dieses Gott-Gehören geht bis in die Substanz, bis ins Blut hinein. Das Leben ist im Blut und das Leben gehört Gott. Gott gehören bedeutet, ihm ganz und gar ergeben sein. Menschen will der Herr, der Gott Israels, nicht geopfert haben, das ist für ihn ein Greuel. Aber wir sollen niemals vergessen, daß unser ganzes Leben ihm gehört, stellvertretend für alle der älteste Sohn, wie hier der von Mose. Ich mußte als Jude am achten Tag beschnitten werden und dann am dreißigsten Tage zurückgekauft, zeichenhaft zurückgekauft werden vom Herrn, denn als der älteste Sohn, der einzige Sohn meiner Familie, gehört mein Leben bis ins Blut, ja bis in den Tod hinein dem Herrn.

Dabei hat dieser Text direkten Bezug zu Jesus Christus. Nicht nur wird Israel hier durch eine Blutstaufe geweiht, sondern Jesus Christus, der einzige und erstgeborene Sohn Gottes, erfüllt den ganzen Sinn dieses Geschehens, indem er geopfert wird für das Volk, ja für die ganze Welt. Gott will nicht, daß Isaak fleischlich getötet wird. Er gibt durch die Beschneidung nur ein Zeichen, daß unser Leben ihm gehört. »Als Mose unterwegs in der Herberge war, kam ihm der Herr entgegen und wollte ihn töten.« Ähnlich ging es auch mit Isaak. Aber statt Abrahams Opfer anzunehmen, wies ihn Gott hin auf ein Opfertier. Später sandte Gott seinen erstgeborenen Sohn, Jesus Christus, den König, den gekreuzigten Leidenskönig, und damit ist dieser auch die Erfüllung der Verheißung an Abraham: »Durch dich werden gesegnet alle Völker auf Erden.« — Also ist er auch der Heiden Heiland: der Erlöser aller Gläubigen in allen Völkern aller Zeiten.

Aus diesem Text, mit dem Rückblick auf die Opferung Isaaks, welche nicht stattfand, und mit seiner Erfüllung in Jesu Kreuz, sehen wir zugleich: Israels Weg wird ein Leidensweg sein, denn seine Zugehörigkeit zum Herrn gründet auf diesem Blutsbund. Dazu sehen wir, daß das neue Israel — wir Christen —, auch berufen sind in und durch die endgültige Blutstaufe des Herrn, Jesu Kreuz. Unsere ganze Person soll bis in den Tod ihm geweiht sein.

Frage: Worin besteht unser Leiden? Hat nicht Jesus dieses Leiden getragen, damit wir in Freude leben sollen, so leben, wie wir es am liebsten möchten? Hat er nicht an unserer Statt genug gelitten? Jawohl, das hat er, aber er sagt uns immer wieder, daß Christusnachfolge Leiden bedeutet: »Wer mir nachfolgen will, der nehme sein Kreuz auf sich, verleugne sich selbst und folge mir nach.« Unsere Taufe unter Wasser bedeutet, wie Paulus uns deutlich in Römer 6 sagt, Taufe in den Tod, in Jesu Tod, in den Bereich des Todes, unter Wasser.

Wir sollten, glaube ich, diese Blutstaufe, die Unterwassertaufe in Jesu Kreuz, mit unserem Text so eng verbinden, daß wir, so wie Mose unterwegs war, als er wegen der Beschneidung seines Sohnes überfallen wurde, auch mit dem Herrn unterwegs sein sollen. Dieses Leiden, dieses Unterwegssein mit dem Herrn wird uns in Petrus am See Genezareth gezeigt. Jetzt wird ihn, den erstberufenen Jünger und damit der Stellvertreter für alle Jünger, »ein anderer gürten« und ihm andere Wege, Leidenswege zeigen, die er nicht geplant hatte.

Wer an dieser Welt hängt, wer mit klarem Willen nach selbstgemachten Freuden strebt, der will nicht diesen Weg gehen. Aber sterben, leiden mit dem Herrn bedeutet Segen, das heißt ihm geweiht werden, durch seinen Sohn Jesus Christus geführt und ans Ziel gebracht werden. Seid ihr bereit, diesen Weg zu gehen? Nein, sagten alle Propheten zuerst, so sagte auch Mose, sogar Jesus Christus selber: »Laß diesen Kelch an mir vorübergehen.« Das darauf zögernde Ja war ein Ja zum Leben, zum endgültigen Leben, zu Frieden, Heil, Geführtwerden vom Herrn jetzt und in Ewigkeit. Bei Mose ging es so: Als Gott ihn mit seinem Auftrag überfiel, sprach er erschreckt und ängstlich: »Mein Herr, sende, wen du senden willst.« Und beifügen können wir: »Nur nicht mich.« Doch als er innerlich zerbrochen und bereit war, zu gehorchen, lautete seine Antwort: »Sende, wen du senden willst, vielleicht auch mich.« Jeder von uns, der wirklich unserem Blutbräutigam Jesus Christus gehören, ihm nachfolgen, dienen, von seinem Heil weitersagen will, kann das nur tun mit seinem Ja zum Geweihtwerden in seinen Tod hinein, indem er sagt: »Mein Herr Jesus Christus, sende, wen du senden willst. Ich weiß, daß du mich ausrüstest mit der Kraft deines Kreuzesblutes. Wenn du für mich und bei mir bist, vor wem sollte ich mich dann fürchten?«

Partnerschaft oder abhängig vom Herrn?

Mose aber sprach zu ihm: Wenn nicht dein Angesicht vorangeht, so führe uns nicht von hier hinauf. Denn woran soll erkannt werden, daß ich und dein Volk vor deinen Augen Gnade gefunden haben, wenn nicht daran, daß du mit uns gehst, so daß ich und dein Volk erhoben werden vor allen Völkern, die auf dem Erdboden sind? Der Herr sprach zu Mose: Auch das, was du jetzt gesagt hast, will ich tun; denn du hast Gnade vor meinen Augen gefunden, und ich kenne dich mit Namen. Und Mose sprach: Laß mich deine Herrlichkeit sehen! Und er sprach: Ich will vor deinem Angesicht all meine Güte vorübergehen lassen und will vor dir kundtun den Namen des Herrn: Wem ich gnädig bin, dem bin ich gnädig, und wessen ich mich erbarme, dessen erbarme ich mich. Und er sprach weiter: Mein Angesicht kannst du nicht sehen; denn kein Mensch wird leben, der mich sieht. Und der Herr sprach weiter: Siehe, es ist ein Raum bei mir, da sollst du auf dem Fels stehen. Wenn dann meine Herrlichkeit vorübergeht, will ich dich in die Felskluft stellen und meine Hand über dir halten, bis ich vorübergegangen bin. Dann will ich meine Hand von dir tun, und du darfst hinter mir her sehen; aber mein Angesicht kann man nicht sehen.

2. Mose 33,15-23

Wir haben gelernt, demokratisch zu denken. In einer Demokratie sind wir alle gleich, haben alle die gleichen Rechte. Kein Mensch, trotz Titel, trotz Bildung, trotz Reichtum hat das Recht, sich über andere zu erheben. Auch wenn sicherlich eine gewisse Ungleichheit unter uns besteht, sind wir trotzdem theoretisch gleich, und diese theoretische Gleichheit bestimmt die Form und den Inhalt unserer Gesellschaft.

Nun zeigt uns unser Text, daß die Beziehung zwischen uns und Gott, dem Herrn des Alls, nicht demokratisch ist. Wir stehen niemals auf der gleichen Stufe mit dem Herrn. Wir werden nie in der Lage sein, als Gleichwertige einen Austausch mit ihm zu haben. Er ist dem Wesen nach etwas ganz anderes als wir. Er ist vollmächtig, unerschaffen, unsterblich, allwissend. Und noch wichtiger in unserer Beziehung zu ihm: Er hat uns erschaffen, er hat uns unsere Persönlichkeit und unsere ganze Welt gegeben. Als Geschöpfe Gottes können wir niemals Gleichheit mit ihm beanspruchen. Aber gerade dies tun viele moderne Menschen, indem sie über den Herrn urteilen, über ihren Richter richten wollen: »Wir glauben nicht an Gott.« Viele Menschen behaupten heutzutage, wir hätten Gott erschaffen, nicht er uns. Damit wollen sie Gott von seiner höheren Stufe herunterbringen auf unser Niveau. Natürlich wird dann die Menschwerdung Christi falsch verstanden, als ob Christus nur Mensch gewesen wäre, als ob Menschlichkeit der Maßstab aller Dinge sei.

Mose versuchte in seiner Art auch, diese Erhabenheit des Herrn in seine Sicht der Dinge einzubringen: »Laß mich deine Herrlichkeit sehen.« Was Mose haben will, ist eine Beziehung zu dem Herrn, in der er immer mehr zum vollen Partner Gottes wird. Er will eine Zusicherung über das Erbarmen Gottes und über die Erwählung seines Volkes. So ähnlich haben auch Johannes und Jakobus versucht, mit Jesus umzugehen, nur: hier ging es um ihren Platz im Himmel, sie wollten dort zur Rechten und zur Linken von Jesus sitzen.

Es ist ganz natürlich, daß die Menschen versuchen, eine gewisse Absicherung für sich zu gewinnen. Wenn wir glücklich sind, wollen wir dieses Glück festhalten oder uns mindestens absichern, daß dieses Glück wieder zurückkommen wird. Wir wollen die Gewißheit, eine Selbstbestätigung, daß es uns weiter gut gehen wird, daß wir wirklich dem Herrn gehören. Um diese Bestätigung zu sichern, versuchen wir mehr und mehr, eine Partnerschaft mit dem Herrn einzugehen. Am gewissesten ist es, wenn er von uns abhängig ist, wenn er so ist, wie wir ihn haben wollen.

Das ist sehr menschlich und sehr natürlich, aber es steht letzten Endes gegen uns, gegen unsere Person, gegen unser Heil; denn alles, aber auch alles, was wir haben, was wir bekommen, was uns im tiefsten beglückt, kommt weder von uns noch kann es durch uns abgesichert werden. Ich meine das Leben, unsere Person, die Liebe, den wahren Trost, im Leiden und die Kraft gegen den Tod. In

dem Moment, wo wir eine solche Beziehung mit dem Herrn an-
streben, eine demokratische Beziehung der Gleichheit, eine Beziehung mit gleichzeitiger Abhängigkeit, zerstören wir letzten Endes
die Basis unserer Person, unseres wahren Lebens, unseres wirklichen Trostes, weil wir sterblich sind, sündhaft, weil unser Wille letzten Endes gegen unser zeitliches Glück steht, weil wir Liebe und
Leben zu schaffen nicht imstande sind. Eine solche demokratische,
abgesicherte Partnerschaft mit dem Herrn würde nur unseren ewigen Tod bedeuten wegen unserer Sündhaftigkeit, welche auch den
Herrn beflecken würde. Wenn wir ihn in der Hand hätten und wirklich seinen Weg wissen könnten, sogar sein Wesen kennten, dann
würde sein Heiliger Geist getötet, sein Geist, welcher plötzlich über
uns kommen kann, um uns zu erneuern und uns weiterzuführen.
Das geht nicht. Wenn wir die Herrlichkeit des Herrn kennen würden, wären wir ja Mit-Herren. Damit wird unsere Erbsünde bestätigt, wir »würden sein wie Gott«. Gott bewahre uns! Das ist der
Weg mancher Irrlehre und war es seit Erschaffung des Menschen.
Es ist der Weg zum ewigen Tod.

Immer geht in der Bibel unsere Beziehung zu dem Herrn von
ihm aus. Seine Gnade, seine Liebe, seine Herrlichkeit, alles ist ein
Geschenk seines lebendigen Geistes an uns. Meinen wir jedoch umgekehrt, unser Streben müßte dahin zielen, mit unserm Herrn ein
partnerschaftliches Verhältnis erreichen oder uns gar an seine Stelle
setzen zu können, bewegen wir uns auf einem aussichtslosen Irr-
weg. Beide, der Alte und der Neue Bund, sind uns von Gott gegeben — er gibt, und wir nehmen an. Die Berufungen Abrahams,
Isaaks, Jakobs und die von Petrus und Andreas, Johannes und Jakobus und noch von vielen anderen kamen von dem Herrn. Er
rief — und sie gehorchten. Sie unterstellten sich seinem Willen, seiner Führung und auch seinem Erbarmen. Es ist so, in entscheidenden Momenten in der Geschichte ist er allein der Handelnde: Er
spaltet das Rote Meer, er führt den Kampf um das Land Kanaan,
damals und auch in unserer Zeit. Das Land Israel ist zu übernehmen nach seinen Geboten und Verheißungen. Er gab uns das Gesetz. Er schickte Propheten, die sein Wort verkündigten. Und er
gab uns seinen eingeborenen Sohn. Er ließ ihn sein Wort verkündigen, Wunder aus seiner Wunderkraft tun. Er, der Christus, wurde
aber von seinen Mitbürgern und damit auch von uns verleugnet.

Man schlug ihn ans Kreuz. Trotz unseres Versagens und unseres Kleinglaubens ließ ihn Gott aus dem Tode für uns auferstehen. Durch seinen Heiligen Geist wurde seine Kirche gegründet und später auch erneuert. Ständig ist er am Werk. Er schafft und wirkt für uns und mit uns. Wir sind ganz und gar abhängig von ihm, von seiner Liebe und seinem Erbarmen. Und nichts, aber auch gar nichts kann dieses Verhältnis ändern. Dafür verlangt der Herr unsere totale Abhängigkeit von ihm. Er ist ein liebender, ein erbarmender Gott. Ganz selbstverständlich ist, daß wir, seine Knechte, seine Freunde, ihm immer folgen durch Irrungen und Wirrungen, bis er am Ziel ist mit uns. Darum lernen wir, »dein Wille geschehe« zu beten und zu glauben, daß wir aus seiner Gnade leben, daß wir uns auch auf dieses, sein Wort, verlassen dürfen und daß es für uns, für mich gilt: »Wem ich gnädig bin, dem bin ich gnädig, und wessen ich mich erbarme, dessen erbarme ich mich.« Das sind nicht Worte eines menschlichen Despoten, eines Diktators, sondern es sind Worte unseres liebenden Vaters, unseres Schöpfers und Erlösers. Es sind Worte dessen, der sein Leben für unsere Schuld und Sünde gab, gerade wegen unserer Selbstherrlichkeit, wegen unserem »Sich-an-Gottes-Stelle-setzen-Wollen«. Er nimmt uns an, wann und wie er will, tatsächlich in unserem Interesse, nichts anderes als das. Er weiß besser, was gut für uns ist, als wir es selbst wissen können. Seien wir wirklich ehrlich mit uns selbst. Dient alles, was wir von Gott erbitten, zu unserem Besten, um uns im wahrsten Sinne glücklich zu machen? Ich glaube, wenn es uns weltlich zu gut gehen würde, wären wir faule, verwöhnte, flache Menschen ohne geistliche Tiefe, ohne wahre Liebe. Darum ist es notwendig für uns, nicht immer zu bekommen, was wir haben möchten. Das weiß der Herr genau — ist er doch selber in Armut geboren und in Verachtung gestorben.

Darum führt unser Text an den zentralen Punkt unseres Glaubens. Jesus kennt uns mit Namen, er hat uns ja erschaffen, er ist auch für uns gestorben. Wir haben Gnade bei ihm gefunden. Darum, wenn wir das glauben, wenn wir uns ihm unterstellen, wenn wir wie Mose in der Felsenkluft stehen und warten auf Gottes Vorübergehen, das bedeutet, warten auf seinen Geist, auf seine Führung, auf seine Bestätigung seines Erbarmens, dann wird er seine Hand über uns halten. Im stillen Gebet spüren wir seine Gegenwart, seine Führung. Er wird sich zeigen in unserer Kluft, in unserer Selbst-gefangenschaft. Er wird uns an der Hand nehmen, uns aus unse-rer Gefangenschaft herausführen. Er wird es tun, weil er es versprochen hat, weil er sein Wort hält, weil er uns liebt mit väter-licher Liebe und weil er unser A und O ist, unser Anfang und En-de. Der Herr ist Herr, und keiner ist außer ihm. Der Herr ist mein Fels, der Boden, auf dem ich stehe. Er ruft mich als Sündigen und Verlorenen in seinen Schatten, in den Schatten seines Kreuzes. O möchten wir doch Richtung und Führung von ihm erbeten, unse-rem Herrn, dem Gott Israels, Jesus Christus, unserm Heiland und Erlöser! Gelobt sei er, der seine Gnade erweist allen Gläubigen zu allen Zeiten!

Das salomonische Urteil

Zu der Zeit kamen zwei Huren zum König und traten vor ihn. Und die eine Frau sprach: Ach, mein Herr, ich und diese Frau wohnten in einem Hause, und ich gebar bei ihr im Hause. Und drei Tage, nachdem ich geboren hatte, gebar auch sie. Und wir waren beieinander, und kein Fremder war mit uns im Hause, nur wir beide. Und der Sohn dieser Frau starb in der Nacht; denn sie hatte ihn im Schlaf erdrückt. Und sie stand in der Nacht auf und nahm meinen Sohn von meiner Seite, als deine Magd schlief, und legte ihn in ihren Arm, und ihren toten Sohn legte sie in meinen Arm. Und als ich des Morgens aufstand, um meinen Sohn zu stillen, siehe, da war er tot. Aber am Morgen sah ich ihn genau an, und siehe, es war nicht mein Sohn, den ich geboren hatte. Die andere Frau sprach: Nein, mein Sohn lebt, doch dein Sohn ist tot. Jene aber sprach: Nein, dein Sohn ist tot, doch mein Sohn lebt. Und so redeten sie vor dem König. Und der König sprach: Diese spricht: Mein Sohn lebt, doch dein Sohn ist tot. Jene spricht: Nein, dein Sohn ist tot, doch mein Sohn lebt. Und der König sprach: Holt mir ein Schwert! Und als das Schwert vor den König gebracht wurde, sprach der König: Teilt das lebendige Kind in zwei Teile und gebt dieser die Hälfte und jener die Hälfte. Da sagte die Frau, deren Sohn lebte, zum König — denn ihr mütterliches Herz entbrannte in Liebe für ihren Sohn — und sprach: Ach, mein Herr, gebt ihr das Kind lebendig und tötet es nicht! Jene aber sprach: Es sei weder mein noch dein; laßt es teilen! Da antwortete der König und sprach: Gebt dieser das Kind lebendig und tötet's nicht; die ist seine Mutter. Und ganz Israel hörte von dem Urteil, das der König gefällt hatte, und sie fürchteten den König; denn sie sahen, daß die Weisheit Gottes in ihm war, Gericht zu halten.

1. Könige 3, 16-28

Salomos berühmtes Urteil ist viel mehr als nur ein Zeichen seiner von Gott gegebenen menschlichen Weisheit; es ist auch ein prophetisches Urteil gegen sich selbst und gegen sein Volk. Es enthält eine Zukunftsschau über den Alten und über den Neuen Bund. Was meine ich damit?

Nach Salomos Tod wird sein Reich entzwei geschnitten, so wie er es hier vorschlägt für das Kind. Und zwar wird es gespalten in ein Nordreich, Israel oder Samaria genannt mit zehn Stämmen, vor allem Ephraim, und ein Südreich mit zwei Stämmen, Juda, der allergrößte Stamm, und Benjamin, der kleinste Stamm, aus dem Saul, Israels erster König, der ungehorsam wurde, hervorgegangen war. Der größte Missionar des Neuen Bundes, Paulus, ursprünglich Saulus, ist nach ihm genannt. Zwar handelt Salomo in diesem Urteil sehr klug, erweist seine von Gott gegebene königliche Weisheit, aber die Zerteilung des Kindes, die er vorschlägt, um herauszufinden, wer die eigentliche Mutter ist, wird später als Urteil gegen sein eigenes Reich fallen, gegen seinen *corpus politicum,* »politischen Körper«.

Hier handelt es sich um zwei Huren. Wird Israel später nicht Hure genannt werden? Ich denke unter anderem an den Propheten Hosea, der sagte, daß Israel Hurendienst tut, weil es zwar den wahren Gott Israels anbetet, zugleich aber auch Baal, einen Götzen, zu dessen Kult tatsächlich Kulthuren gehörten. Und ist Salomo selbst nicht der Sohn Batsebas, die von David, Salomos Vater, zum Ehebruch, letzten Endes zum Hurendienst verführt wurde. War es nicht Salomo, der später Tausende von fremden Frauen heiratete und sie mit ihren Fremdkulturen nach Israel brachte? Ist das nicht Hurendienst gegen des Herrn erstes und grundlegendes Gebot »Du sollst keine anderen Götter haben neben mir«? Bedeutet nicht die Teilung Israels nach Salomos Tod letzten Endes den Anfang seines Todesurteils? Martin Buber sagt: »Mit Salomo fängt der Untergang Israels an.«

Aber zunächst wird Salomos Vorschlag hier nicht durchgeführt, sondern dadurch wird die richtige Mutter gefunden, so daß das Kind heil bleibt und danach bei seiner wahren Mutter leben kann. Hat nicht Jesus Christus in seiner Erwählung von zwölf Jüngern gerade die Ganzheit zeichenhaft durchgeführt? Er will zeigen, daß in ihm, dem wahren König Israels mit seiner göttlich unendlichen Weisheit, das ganze Israel — alle zwölf Stämme — wiederhergestellt wird. Ist das nicht die Zielsetzung seines Heilsplans? Denn am Ende der Tage wird er sein erstgeliebtes Volk Israel wieder zu sich rufen, und »sie werden ihn annehmen, den sie durchbohrt haben«. Einfach ausgedrückt, in dieser einen Geschichte, welche uns vorgeführt wird als Beispiel von Salomos Weisheit, ist in Kürze die Geschichte Israels vorgedeutet, seine Teilung und der Verfall nach Salomo, seine Wiederherstellung als Einheit in Jesus Christus, und damit wird ein Blick geworfen auf die endgültige Einheit Israels wie der Gemeinde am Ende der Tage. Gerade diese Thematik birgt vieles in sich, nicht nur Salomos und dann Israels Hurendienst, sondern auch in Jesu eigenem Stammbaum steht eine Hure: Rahab von Jericho. War es nicht auch eine bekehrte Hure, Maria Magdalena, die als erste den auferstandenen Herrn, diese neue Welt und Wirklichkeit wahrgenommen hat? Auch die Unreinen müssen hier Jesus dienen und seine Macht bezeugen so wie die eine Hure in unserer Geschichte, die wahre Mutter, die bereit war, das Kind der anderen ganz zu geben, damit ihr Kind am Leben blieb.

Aber unsere Geschichte enthält noch eine weitere tiefe Bedeutung. Hier geht es um die Weisheit des von Gott eingesetzten Königs, aber diese Weisheit wird am Schluß in Verbindung gebracht mit dem Gericht: »Und ganz Israel hörte von dem Urteil, das der König gefällt hatte, und sie fürchteten den König (!), denn sie sahen, daß die Weisheit Gottes in ihm war, Gericht zu halten.« Hat nicht Salomo auch nach einem Schwert gerufen, um das Kind zu zerteilen? Hier sehen wir einen anderen Aspekt von dem Machtbereich der unendlichen Weisheit Gottes, seines wahren Königs, Jesus Christus, denn im Gericht wird er auch trennen; und zwar das Kraut vom Unkraut, das heißt, die von ihm Erlösten von den Verdammten. Das ist sein letztes Gericht, diese Trennung, diese Spaltung unter der Menschheit, nicht nur die Vereinigung von Juden und Christen in Jesus zu einer Kirche und endzeitlichen Einheit, sondern auch die Teilung von Gläubigen und Ungläubigen in seinem Gericht.

Was alle Menschen, Gläubige wie Ungläubige, an diesem Geschehen fasziniert, ist, wie Salomo die Wahrheit festgestellt hat, ohne diesem Kind zu schaden. In der Bibel steht deutlich geschrieben, daß nur der Herr in unsere Herzen sehen kann. Aber hier gibt der Herr seinem weisen König Salomo einen Weg, diese Herzenswahrheit ans Licht zu bringen.

Es gibt Menschen, die eine Frömmigkeit vortäuschen, vielleicht sogar sich selbst vortäuschen, aber im Angesicht des Schwertgerichtes Jesu werden sie genausowenig ans Ziel kommen wie die falsche Mutter in unserer Geschichte. Was meine ich damit?

Zum Beispiel: Menschen, die sehr jung behaupten, daß sie sich für Jesus entschieden haben, aber in ein oder zwei Jahren ist gar nichts mehr davon zu merken. Ja, es gibt junge Menschen, die sich wirklich in ihrem Herzen so ganz und gar für ihn entscheiden. Aber andere gibt es, die machen mit, täuschen sich jedoch manchmal selbst. Ich habe in meiner ersten Gemeinde jemanden erlebt, der ganz und gar Feuer und Flamme für Jesus war und Woche um Woche Kreuzespredigten gehört hat. Aber als Konflikte in sein Leben kamen, als sein Glaube ihm bei seinen weltlichen Zielen im Weg stand, war er schnell bereit, diesen Glauben an den Nagel zu hängen. Ja, dieses Schwert Gottes, dieses Gericht gibt es nicht nur im Endgericht, sondern auch jetzt, wie damals Salomos Ruf zum Schwert, zur Trennung. Jesus sprach in seinem grundlegenden Gleichnis vom Sämann, wie keimender Glaube zerstört werden kann, weil er keine tiefen Wurzeln hat oder wegen des Alltags und meistens durch beides. Ja, mit der Zeit wird es klar sein, wie wir stehen, ob wir wirklich zu Christus halten, ob wir bereit sind, große Opfer für den Herrn zu bringen, weil er unser Herr ist, und nicht wir selbst. So war damals die Hure sogar bereit, ihr eigenes Kind einer anderen zu geben, aber natürlich nur, um es letzten Endes auf diese Weise zu retten.

Noch eines: »Die andere Frau sprach: Nein, mein Sohn lebt, doch dein Sohn ist tot. Jene aber sprach: Nein, dein Sohn ist tot, doch mein Sohn lebt.« Hier geht es sogar unter Huren um einen Sohn, um einen Nachfolger, um Fortsetzung des Lebens, das erste aller Gebote in der Thora. Leben ist das höchste Gut in Israel. Als ich diese zwei Sätze las, kam mir sofort ein Autoaufkleber in den Sinn: »Wenn dein Gott tot ist, dann nimm doch meinen — Jesus lebt.« Bei diesen beiden Huren geht es um Leben gegen den Tod: »Ich will das Leben. Ich will das Kind. Du bleibst bei den Toten.« Aber dahinter steht im gesamtbiblischen Rahmen etwas viel Tieferes: ein enger Bezug, der in unserem Text äußerlich ausgedrückt ist durch den toten und den lebendigen Sohn. Wie Salomo die Einheit herstellte — der unzertrennte Sohn durch die Drohung des Schwertes, so hat Jesus Christus die Einheit hergestellt als endgültiger König Israels, INRI, die Weisheit Gottes selbst. Denn er ist zugleich der tote Sohn und der lebendige Sohn; er vereinigt in sich Tod und Leben, Kreuz und Auferstehung, und er ist der wahre, endgültige Sohn, der Sohn Gottes — in unserem Text wird auch der dritte Tag betont!

Je mehr und je tiefer wir in Gottes Wort eindringen, desto deutlicher wird es für uns werden, daß die ganze Schrift wie ein Tag ist, welcher zuerst vielleicht in Dunst und Nebel anfing, aber immer klarer, immer leuchtender wird, bis in Jesus Christus, der endgültigen Weisheit Gottes, dem wahren König Israels, dem toten und lebendigen Sohn des Herrn, alles eins und vollendet wird.

Der große Todespsalm

Herr, lehre mich doch, daß es ein Ende mit mir haben muß und
mein Leben ein Ziel hat und ich davon muß. Siehe, meine Tage
sind eine Handbreit bei dir, und mein Leben ist wie nichts vor
dir. Wie gar nichts sind alle Menschen, die doch so sicher le-
ben! Sie gehen daher wie ein Schatten und machen sich viel ver-
gebliche Unruhe; sie sammeln und wissen nicht, wer es
einbringen wird. Nun, Herr, wessen soll ich mich trösten? Ich
hoffe auf dich. Errette mich aus aller meiner Sünde und laß mich
nicht den Narren zum Spott werden. Ich will schweigen und mei-
nen Mund nicht auftun; denn du hast es getan. Wende deine
Plage von mir; ich vergehe, weil deine Hand nach mir greift.
Wenn du den Menschen züchtigst um der Sünde willen, so ver-
zehrst du seine Schönheit wie Motten ein Kleid. Wie gar nichts
sind doch alle Menschen. Höre mein Gebet, Herr, und vernimm
mein Schreien, schweige nicht zu meinen Tränen; denn ich bin
ein Gast bei dir, ein Fremdling wie alle meine Väter. Laß ab von
mir, daß ich mich erquicke, ehe ich dahinfahre und nicht mehr
bin.

Psalm 39,5-14

Wie im 139. Psalm der Beter zum Herrn geführt wird durch Got-
tes Allwissenheit um unsere ganze Person, so wird im Psalm 39 der
Beter zur Gegenwart des Herrn gewiesen durch die Macht des
Todes.

Der Tod ist und bleibt unheimlich für uns. Wenn wir das Hin-
scheiden eines anderen betrachten, dürfen wir nicht vergessen, daß
auch wir eines Tages sterben müssen. Der Tod ist uns etwas völlig
Fremdes, zumal wir ja keine Möglichkeit haben, das eigene Sterben zu erfassen.

Ich kann mich erinnern, wie ich mit acht Jahren versucht habe,
den Tod zu begreifen. Ich suchte im Spiegel durch mein eigenes
Gesicht eine Totenmaske, die meinige zu enträtseln. Unser Spie-
gelbild bietet die einzige Möglichkeit, uns selbst zu betrachten, auch
im leiblichen Sinne. Ich merkte aber und war sehr erschreckt, zu

spüren, daß der Tod gesichtslos ist, auch sprachlos und gedankenlos. Er raubt mir alles, was ich auf Erden bin.

Ist nicht das Leben selbst ein Sterbensprozeß, nichts anderes? Denn Tag um Tag gehen wir alle in einer Richtung, dem Tod entgegen. Es gibt kein Zurück. Und im Tod sind wir alle gleich, arm und reich, groß und klein, Kluge und Dumme. Wird es da nicht sinnlos, wenn wir uns in unserem Leben in diesem und jenem über andere stellen wollen? Aber der Tod ist auch etwas Lebendiges, wirklicher als das Leben selbst. Meine Frau und ich erlebten das bei ihrer toten Mutter über einen halben Tag, nachdem sie gestorben war, und ich werde das nie vergessen. Da lag sie im Bett, starr und tot, aber irgendeine Kraft ging von ihr aus, welche uns fesselte. Diese Kraft war sogar stärker als jeder unserer Versuche, Leben in das Totenzimmer hineinzubringen. Der Tod hat eine fesselnde Kraft. Er bewirkt etwas Unheimliches in uns, wohl gerade, weil er totale Macht über uns besitzt, über unser ganzes Leben, unsere ganze Person.

»Herr, lehre mich doch, daß es ein Ende mit mir haben muß und mein Leben ein Ziel hat und ich davon muß.« Warum sollen wir das lernen? Wäre es nicht viel besser, unser Leben ohne einen Gedanken an den Tod zu führen, bis er dann sowieso kommt? Das tun heute ja viele Menschen. Manche weigern sich sogar, zu Beerdigungen zu gehen, weil sie glauben, da ihrem eigenen Tod ins Angesicht sehen zu müssen. Gern werden Kranke, Alte und Schwache in Krankenhäuser, Pflege- und Altenheime abgeschoben, um sie allein sterben zu lassen. Anders unser Psalm. Er zeigt deutlich, daß Leben und Tod eine Einheit sind, eine unzertrennliche Einheit. Ich lebe auf den Tod hin, wenn auch der Tod die Infragestellung meines Lebens ist. Unser Leben verläuft wie ein Drama in fünf Akten. Der letzte Akt ist das Sterben. Der Tod ist nicht nur das Ziel unseres Lebens, er ist nicht nur eine Frage an unser Leben, sondern zeitlich gesehen ist er viel umfassender als das Leben. Das Leben ist kurz, der Tod unendlich lang.

Warum müssen wir sterben? Die Bibel sagt, weil wir Sünder sind, weil wir uns von dem lebendigen Gott Israels entfernt haben. Darum sind wir auch vom Leben entfernt. Die Austreibung aus dem Paradies ist letzten Endes nicht Gottes Strafe, sondern unser eigenes Werk. Wir sind ungehorsam, wir wollen an Gottes Stelle leben, unsere Neugier und Machtgier bestimmen unser Leben. Adam und Eva sind wir alle, verloren in uns selbst.

»Herr, lehre mich doch, daß es ein Ende mit mir haben muß und mein Leben ein Ziel hat und ich davon muß.«

Interessant ist, daß der Tod zentraler Gestalten in unserer Bibel sinnvoll ist, ihrem Leben einen Sinn gibt. Mose starb auf einem Berg, wo er das von Gott verheißene Land vor Augen hatte und damit die Zukunft seines Volkes. Dieser Blick war die Erfüllung seines Lebensziels. Johannes der Täufer starb, nachdem sein Lebensauftrag erfüllt war, nachdem er den Messias, Jesus Christus, gefunden und getauft hatte. Der Tod ist nur sinnvoll, wenn er mit dem Sinn unseres Lebens verbunden ist: daß wir ans Ziel gekommen sind durch den Herrn.

Wie war hingegen der Tod berühmter Menschen, die mit großem Einsatz ihre Ziele verfolgt hatten, sinnlos, zwecklos. Napoleon und Hitler, die zwei großen Herrschergestalten der modernen Zeit, starben beide einen sinnlosen Tod: Napoleon auf einer Insel, total isoliert von der Welt, nachdem er sein Frankreich zum Status einer ewig zweitrangigen Macht hatte verbluten lassen. Und der Massenmörder Hitler, der menschliche Inbegriff des Bösen überhaupt, starb durch Selbstmord, nachdem er sein Volk in tiefe Schuld verstrickt hatte.

Aber wir sind weder Mose noch Johannes, weder Hitler noch Napoleon. Was soll Sinn und Ziel unseres Lebens sein? Jesus Christus sagt: »Ich bin das Leben.« Er ruft uns in die Nachfolge und sagt uns, daß, wenn wir mit ihm leben, der Tod keine Macht mehr über uns haben wird. Warum? Weil er als Gekreuzigter und Auferstandener die Strafe für die Erbsünde und diese Sünde selbst auf sich geladen hat. Er spricht uns frei von dieser Schuld durch seinen Tod am Kreuz, und mit seiner Auferstehung ist uns durch ihn der Weg eröffnet in Gottes ewiges Reich. Einfacher gesagt, für uns kann unser Tod und damit unser Leben nur Sinn haben, wenn wir zum Leben gehören, zu Christus, in seine Nachfolge. Er ist unsere Zukunft, unser Erlöser von der Gottesferne, das heißt, wir dürfen in seinem Reich sein.

»Siehe, meine Tage sind eine Handbreit bei dir, und mein Leben ist wie nichts vor dir. Wie gar nichts sind alle Menschen, die doch so sicher leben. Sie gehen daher wie ein Schatten und machen sich viel vergebliche Unruhe; sie sammeln und wissen nicht, wer es einbringen wird.«

Je älter wir sind, desto mehr fällt uns auf, daß die Zeit schnell und immer schneller vergeht, ob wir viel beschäftigt sind oder im Ruhestand. Warum? Bei einer Reise dauert der Hinweg viel länger, wenn wir den Weg noch nicht kennen. Aber der Weg zurück scheint viel schneller zu verlaufen, weil er uns einigermaßen bekannt ist. Mit der Zeit lernen wir das Leben immer besser kennen. Öfters wird es zur Routine. Wenn unsere Kinder vier oder fünf Jahre alt sind — als wir im selben Alter waren, ging es uns genauso —, dauert ein Jahr sehr lange von Weihnachten bis Weihnachten. Nun hat der Tod uns in seiner Macht, und er zieht uns immer fester an sich, zugleich hält das Leben uns immer weniger fest. Ältere Menschen merken, wie ihre Welt im Sterben liegt, nicht nur wegen ihres eigenen Alters mit ihrer zunehmenden eigenen Schwachheit, sondern weil ihre Freunde und Verwandten sterben, eines nach dem andern. Am Schluß, wenn sie sehr alt sind wie meine neunundneunzigjährige Großmutter, ist ihre Welt gänzlich tot. Nur die Welt ihrer Kinder und Enkelkinder lebt weiter.

Wenn in diesem Psalm das Wort Schatten benutzt wird in Beziehung zum Leben, dann ist diese Wortwahl schreckenerregend, denn nach alttestamentlicher Vorstellung ist das Totenreich ein Schattenreich. Damit wird gesagt, das Leben sei letzten Endes nicht wesentlich anders als der Tod, denn wir sind als Lebendige wie die Toten sprachlos, und zwar gegenüber dem Tod. Dazu kommt, daß wir alles, was wir an Reichtum und Gaben haben, nicht behalten können. Anders als die Pharaonen lassen wir uns nicht mit unseren Schätzen beerdigen, denn gar nichts, aber auch gar nichts können wir mitnehmen. Das zeigt uns, daß unsere Werke ebenfalls gar nichts ausrichten können gegen die Macht des Todes.

»Nun, Herr, wessen soll ich mich trösten? Ich hoffe auf dich. Errette mich aus aller meiner Sünde und laß mich nicht den Narren zum Spott werden.«

Hier wird deutlich gesagt, was unser einziger Trost sein kann im Angesicht der Todesmacht, nämlich der allmächtige Herr. Keine weltliche Klugheit kann uns hier weiterhelfen. Ebensowenig können uns etwa Worte trösten wie: »Es müssen alle sterben.« »Warum soll's nun gerade mich nicht treffen?« »Wir werden weiterleben in den Gedanken der Lebendigen.« — Und wenn die »Weiterlebenden«

sterben? Was dann? Ohne einen Glauben an einen Gott kann der Tod keinen Sinn haben. Einfach ausgedrückt: Wenn es keinen Gott gibt, dann ist das Leben selbst nur ein böser Witz, ein selbsttäuschender Weg zu einem ewigen Verlust.

Israel weiß um seinen Herrn, um seine Gegenwart, um die Wirklichkeit seiner Verheißungen, um seine Macht der Errettung, um seine Schöpferkraft. Ein solcher Gott ist aber auch barmherzig, und darum wird in Israel offenbar, daß der Tod keine Vollmacht hat; denn der Herr, der Gott Israels, ist ein lebendiger Herr. Zuerst wird in den Psalmen auf etwas anderes hingewiesen: »Dies ist der Weg derer, die so voll Torheit sind, und das Ende aller, denen ihr Gerede so wohl gefällt. Sie liegen bei den Toten wie Schafe, der Tod weidet sie; aber die Frommen werden gar bald über sie herrschen, und ihr Trotz muß vergehen; bei den Toten müssen sie bleiben. Aber Gott wird mich erlösen aus des Todes Gewalt; denn er nimmt mich auf« (Ps 49,14-16). Auch in den Prophetenbüchern Hesekiel und Daniel wird von einer allgemeinen Auferstehung der Toten am Ende der Tage gesprochen. Der Gott Israels, der lebendige Gott, hat uns, die Seinen, nicht zum Tod erschaffen, sondern zum Leben in ihm, zum ewigen Leben.

»Ich will schweigen und meinen Mund nicht auftun; denn du hast es getan. Wende deine Plage von mir; ich vergehe, weil deine Hand nach mir greift.«

Merkwürdig ist, daß dieser Teil unseres Psalmes, der allerwichtigste Teil für uns Christen, kaum bekannt ist, gar nicht vorkommt bei unseren Beerdigungen. Merkwürdig ist außerdem, daß dieser Abschnitt des Psalms plötzlich mit Jesus Christus zu tun hat. Ja, er scheint den Narren zum Spott zu werden, denen, die ihn, unsern Herrn, lästern, die verlangen, daß er vom Kreuz heruntersteige. Die sind wirkliche Narren, weil sie nicht merken, daß Jesus für uns Sünder alles getan hat. Und doch hat auch der Prophet Jesaja im genau gleichen Sinne geredet: »Als er gemartert ward, litt er doch willig und tat seinen Mund nicht auf wie ein Lamm, das zur Schlachtbank geführt wird; und wie ein Schaf, das verstummt vor seinem Scherer, tat er seinen Mund nicht auf« (Jes 53,7). Das Bild von Jesus Christus am Kreuz. Er schwieg bei seinem Tod, um unsere Sprachlosigkeit dem Tod gegenüber zu zeigen. Er schwieg, weil er als der Gehorsame wußte, daß sein Vater alles Nötige für ihn tun werde. »Du hast mich erhört« (Ps 22,22). Dieses Geschehen am Kreuz ist die Wende zum Leben, welche sich erfüllt in Jesu Ausruf »Es ist vollbracht« und zur Zukunft weist mit dem ergebenen Wort: »Ich befehle meinen Geist in deine Hände.« Er, Jesus Christus, hat die Macht des Todes gebrochen durch die Übergabe seiner selbst — für uns — an den Herrn.

Darum konnte er auch nach dem »mein Gott, mein Gott, warum hast du mich verlassen?« die Erfüllung in Psalm 39, 11 auf sich nehmen: »Wende deine Plage von mir; ich vergehe, weil deine Hand nach mir greift.« Diese Plage ist das volle Gewicht des Gesetzes, auch geistig ausgelegt durch die Bergpredigt: »Verflucht ist der, der am Holz hängt« (5. Mose 21,23). Ja, das Gesetz ist zur Plage für uns geworden, weil es nach Jesu Auslegung ganz und gar unerfüllbar geworden ist. Wir können nicht ohne Haß und Begier leben, Friedensstifter sein, unsere Feinde lieben und vollkommen sein wie Gott. Wir können das Gesetz, die Thora, unmöglich erfüllen, und darum ist es zur Plage für uns geworden. Aber, Jesus nimmt diese Plage auf sich. Er ließ sich vom Gesetz verfluchen, damit wir schuldbeladene Menschen schuldlos dort stehen können.

»Wenn du den Menschen züchtigst um der Sünde willen, so verzehrst du seine Schönheit wie Motten ein Kleid.«

So sah Jesus am Kreuz aus: »Wir sahen ihn, aber da war keine Gestalt, die uns gefallen hätte. Er war der Allerverachtetste und Unwerteste, voller Schmerzen und Krankheit. Er war so verachtet, daß man das Angesicht vor ihm verbarg« (Jes 53,2-3).

»Wie gar nichts sind doch alle Menschen.« Hier am Kreuz ist dieses »gar nichts« zu seiner absoluten, endgültigen Aussage gelangt. Durch den Sündenfall sind wir vom lebendigen Herrn abgefallen. Aber durch das Kreuz haben wir Gott selbst im Namen von Gottes erwähltem Volk, ihren Führern und den Heiden, vertreten durch Pilatus, getötet. Wir sind tiefer gesunken, als überhaupt vorstellbar ist. Auch die Jünger versagten völlig. Nur einer war überhaupt dabei, als Jesus gekreuzigt wurde, und dieser eine, Johannes, bekannte sich auch nicht offen zu Jesus als seinem Herrn und Heiland. »Höre mein Gebet, Herr, und vernimm mein Schreien, schweige nicht zu meinen Tränen; denn ich bin ein Gast bei dir, ein Fremdling wie alle meine Väter.«

Gott Vater hat Jesu Gebet gehört, erhört. Zu seinem Schreien schweigt er nicht, auch nicht zu seinen Tränen. Er hat ihn aus dem Tod, in den ihn unsere Sünden hineingedrängt hatten, am dritten Tag herausgeholt. Und Jesu Kreuz und Auferstehung ist Gottes Antwort auf unsere totale Verlorenheit. Auf die allerletzte Tiefe unserer Schuld antwortet er nicht mit Rückkehr zum alten Leben wie bei Lazarus, sondern er blickt auf die verfluchte, gottesmörderische alte Schöpfung und die alten Menschen und sieht das Neue kommen, die neue Welt, auf der er vorangehen will. Mit ihm gibt es kein Zurück ins Alte mehr. Sein Aufenthalt auf Erden war kurz, wie der unsere auch. Und nur durch ihn können wir von dieser fremden, dieser entfremdeten Erde, welche durch mich und euch ihren Gott umgebracht hat, gerettet werden.

»Laß ab von mir, daß ich mich erquicke, ehe ich dahinfahre und nicht mehr bin.«

Hier ist ein Ruf zum Leben, kein Ruf zum Zurück. Gott läßt seinen Sohn nicht im Stich, sowenig wie uns. Als Strafe für unsere Verschuldungen sind wir dem Tode ausgeliefert. Doch Christus ist stärker als der Tod. Denn er, Jesus Christus, ist der Lebendige, der Gott Israels.

Der große Bußpsalm Davids

*Ein Psalm Davids, vorzusingen, als der Prophet Nathan zu ihm
kam, nachdem er zu Batseba eingegangen war. Gott, sei mir gnädig nach deiner Güte, und tilge meine Sünden nach deiner großen Barmherzigkeit. Wasche mich rein von meiner Missetat, und
reinige mich von meiner Sünde; denn ich erkenne meine Missetat, und meine Sünde ist immer vor mir. An dir allein habe ich
gesündigt und übel vor dir getan, auf daß du recht behaltest in
deinen Worten und rein dastehst, wenn du richtest. Siehe, ich
bin als Sünder geboren, und meine Mutter hat mich in Sünden
empfangen. Siehe, dir gefällt Wahrheit, die im Verborgenen
liegt, und im Geheimen tust du mir Weisheit kund. Entsündige
mich mit Ysop, daß ich rein werde; wasche mich, daß ich schneeweiß werde. Laß mich hören Freude und Wonne, daß die Gebeine fröhlich werden, die du zerschlagen hast. Verbirg dein
Antlitz vor meinen Sünden und tilge alle meine Missetat. Schaffe
in mir, Gott, ein reines Herz, und gib mir einen neuen, beständigen Geist. Verwirf mich nicht von deinem Angesicht, und
nimm deinen heiligen Geist nicht von mir. Erfreue mich wieder
mit deiner Hilfe, und mit einem willigen Geist rüste mich aus.*
Psalm 51,1-14

David war nicht, wie etwa Jakob und Petrus, ein Durchschnitts-
mensch in seiner natürlichen Begabung. Er war eher, wie Paulus,
eine besondere Persönlichkeit. Es ist kein Zufall, daß Jakob, welcher Israel heißen wird, stellvertretend dasteht für den Alten Bund,
denn seine Schwächen sind Alltagsschwächen, seine Stärke bewegt
sich im normalen Rahmen. Jakob ist eine Person, von der wir alle
sehr viel lernen können, gerade weil er nichts Besonderes war, und
so ist es auch mit Petrus. Er ist ein Mensch wie alle andern, und
nur allzu menschlich ist sein Versagen. Auch er steht, wie Jakob,
als Vertreter seines ganzen Volkes da, des neuen Israel; sein großes Versagen und zugleich seine Stärke gründen in der Kraft des
Herrn. David war, wie gesagt, etwas Besonderes. Durch die ganze
Dunkelheit seiner Geschichte leuchtet sein Glaube. Er ist mächtig

in Wort und Tat. Es ist kein Zufall, daß »du Sohn Davids« ein feststehender messianischer Titel Jesu war. »David« steht für die Juden bis heute als Name, wenn sie »den König« meinen: so soll ein König sein.

Aber David hat, wie Paulus, großes Format in allem, auch in seinen Sünden. So groß die beiden waren, so tief sind sie gefallen: Paulus am Anfang seines Wirkens als Christenverfolger und David auf dem Höhepunkt seiner Macht als König über ganz Israel, als Kriegsheld. Damit wird gezeigt, je höher wir emporstreben, um so gefährdeter sind wir. Nur allzuleicht nistet sich der Gedanke in unserm Herzen ein: »Ich darf tun, was ich will, denn ich bin etwas Besonderes, ein wahrer Erwählter.« So ging David bis zu Ehebruch und Mord. Es ist nicht zufällig, daß Jesus gerade diese zwei Gebote in der Bergpredigt auslegte, und auch nicht zufällig, daß Jesus den Pharisäern Ehebruch und Mord in ihren Herzen vorwarf; denn Jesus allein blieb hier unbefleckt, ohne Begierde, ohne Haß. Wo David gefehlt hat, wo die pharisäische Haltung zur Heuchelei wurde, hat Jesus sich durchgesetzt für uns gegen jede Versuchung des Satans.

David wurden die Augen über seine Sünde geöffnet durch den von Gott gesandten Propheten Nathan. Der erzählt ihm von einem armen Mann, welcher nur ein einziges Schäfchen als Besitz hat. Ein reicher Mann bekommt Besuch und statt eines seiner vielen Tiere zu opfern, nimmt er einfach gerade das Schäfchen des Armen und schlachtet es. David ist entsetzt, denn trotz allem bleibt er immer noch der gerechte König. Er zerreißt seine Kleider und spricht das Todesurteil über diesen reichen Mann. Da sagt ihm Nathan: »Du bist der Mann.« David hat sein eigenes Todesurteil ausgesprochen. Ähnlich ging es später Paulus, dem Gesetzeseiferer, der vor Damaskus lernen mußte, daß gerade er als Mörder von Christen auf dem Weg sei, Gottes Neuen Bund und den Herrn Israels, Jesus Christus, zu verfolgen.

David, wie auch später Paulus, war völlig verzweifelt, und er tat erschreckt und ernsthaft Buße:

»Gott, sei mir gnädig nach deiner Güte und tilge meine Sünden nach deiner großen Barmherzigkeit. Wasche mich rein von meiner Missetat und reinige mich von meiner Sünde.«

Letzten Endes ist seine Lage nicht anders als unsere, denn nach

Jesu Maßstab sind wir Ehebrecher, wenn wir außer der Ehe begehren, und Mörder, wenn wir hassen. Wir haben auch der Sünde Lohn verdient. Davids Buße zeigt uns den einzigen Weg zur Erlösung: Nachdem wir uns unserer Schuld bewußt geworden sind, erhört der Herr unser flehentliches Bitten und vergibt uns die begangenen Sünden. Luther hat die Buße unsere tägliche Speise genannt.

Zu beachten ist, daß Davids Leben verschont wird, aber auf Kosten seiner Kinder: Der erste Sohn Batsebas aus diesem Ehebruch stirbt; Amnon wird auf Befehl seines Halbbruders Absalom erschlagen; der nächste Sohn ist geistig beschränkt und Absalom, der stärkste, stirbt bei einem Aufstand gegen seinen Vater. Hier geht Davids eigene Schuld an seine Kinder über. In jener Zeit war die Person als solche bis in das vierte Glied von seinen Vorvätern bestimmt, auch, weil — in diesem Fall — der Herrscher Israels einen geeigneten Nachfolger brauchte, denn durch ihn sollte Gottes Segen und Verheißung erfüllt werden: »Durch dich werden gesegnet alle Völker auf Erden.« Hier wird Davids Sünde als Ausgleich von dem Herrn an seinen Kindern vergolten.

»Denn ich erkenne meine Missetat, und meine Sünde ist immer vor mir. An dir allein habe ich gesündigt und übel vor dir getan, auf daß du recht behaltest in deinen Worten und rein dastehst, wenn du richtest.«

David spricht hier den Kern der Sache an. Seine Sünde ist nicht zuerst an Uria und Batseba geschehen. Seine Schuld ist nicht — genau gesehen — nur sein Verbrechen. Wie wenige von uns sind sich bewußt, daß, wenn wir anderen Böses zufügen, der folgenschwerere Schaden an uns selber geschieht. Für David ist es ganz klar: Seine Schuld gegen den Herrn selbst ist weit tiefer. Er hätte es besser wissen müssen, er hatte den Herrn der Gerechtigkeit wohl gekannt. Jedes Mal, wenn wir eines seiner Gebote brechen, sagen wir uns los von Gottes Wort und von seinem Wesen. Denn das Gesetz ist seine Ordnung für die Welt, die »Wegweisung« zu seinem Reich.

»Siehe, ich bin als Sünder geboren, und meine Mutter hat mich in Sünden empfangen. Siehe, dir gefällt Wahrheit, die im Verborgenen liegt, und im Geheimen tust du mir Weisheit kund.«

Davids Erkenntnis schreitet Schritt um Schritt in die Tiefe. Er weiß, ich bin schuldig Batseba und Uria gegenüber; es ist noch schlimmer, wie ich mich selbst beschmutzt habe; noch weiter unten stehe ich, weil ich Gottes Gebote breche. Aber hier sagt er sogar noch, ich bin nicht nur schuldig wegen dieses Verstoßes gegen seine Gesetze, ich bin schon in Sünden geboren. Er redet von der Erbsünde. Sünde ist vor allem ein Zustand, der in der Folge zum Tun führt, wie es in der Thora steht: »Das Dichten und Trachten des Menschenherzens ist böse von Jugend an.« Auf einmal sieht David die wahre Beziehung zwischen Leben und Tod, denn wir sind von Mutterleib an dem Tod geweiht wegen unserer Ichsucht auf Kosten von Gottes Wegweisung zum Leben.

Davids Aussage reicht sogar noch tiefer als diese Einsicht. Er weiß, daß durch sein Versagen der Herr ihn erreichen will mit seiner Wahrheit. Er merkt als Sünder, daß er jetzt wirklich, vielleicht zum ersten Mal bis ins Mark hinein erkennt, was Wahrheit und Gerechtigkeit wirklich sind. Erst ein Blinder merkt, was Sehen wirklich bedeutet, und ein Gelähmter erkennt erst die wahre Bedeutung des Gehenkönnens.

»Entsündige mich mit Ysop, daß ich rein werde; wasche mich, daß ich schneeweiß werde. Laß mich hören Freude und Wonne, daß die Gebeine fröhlich werden, die du zerschlagen hast. Verbirg dein Antlitz vor meinen Sünden, und tilge alle meine Missetat.«

Waschungen sind Zeichenhandlungen, welche die Reinheit wiederherstellen, nachdem man unrein geworden ist. Aber Davids Schuld geht viel tiefer als das, was Waschungen heilen können. Darum möchte er schneeweiß werden und die Kleider der Gerechten tragen dürfen (Offb 15 u. 19). Als Christen denken wir hierbei an die echte Reinheit und die wahren »Waschungen«, welche wir, durch Jesu Kreuzesblut, u.a. in der Taufe empfangen haben. Hier liegt die letzte Antwort auf die Erbsünde, auf sowohl Davids, als auch meine schwere Schuld. David ruft letzten Endes nach dem, was nicht wiederhergestellt werden konnte, mindestens solange nicht, bis Jesus Christus selbst gekommen war. Hier ruft er nach dem, was so lange verloren war seit Adam und Eva, und beschreibt die wahre Sehnsucht aller Menschen nach Erlösung. Sie wird kommen, aber erst mit Jesu Tod am Kreuz.

»Laß mich hören Freude und Wonne, daß die Gebeine fröhlich werden, die du zerschlagen hast.«

Wie hat David einmal so fröhlich getanzt! Doch er kann es nicht vergessen, daß seine Beine sehr aktiv waren beim Begehen seiner Sünde. Davids Ruf kommt hier aus der Verzweiflung, und er versucht zu begreifen, was er verloren hat. Seine Lage, die Bedrängung durch sein geschlagenes Gewissen kennen wir auch als Christen. Seine Antwort, die Buße, ist auch unsere Antwort, die einzig angebrachte. Ja, erschrecken wir zutiefst: Davids Nachkommen sind in sein Leiden und seine Schuld hineingezogen. Hier wird eine andere Sicht der Erbsünde eröffnet, ihre Fortdauer von Generation zu Generation...

»Schaffe in mir, Gott, ein reines Herz, und gib mir einen neuen, beständigen Geist. Verwirf mich nicht von deinem Angesicht, und nimm deinen heiligen Geist nicht von mir. Erfreue mich wieder mit deiner Hilfe, und mit einem willigen Geist rüste mich aus.«

Dieser Ruf wird gehört. Trotz aller Schuld Davids, trotz der Tiefe des geschehenen Bösen und der Länge der Strafe steht der Herr immer noch zu ihm. Sein Angesicht, sein Licht, sein Geist bleiben ihm immer noch zugewandt. Zwar wird David jetzt anders in die Zukunft schauen. Wie in der Zeit der Verfolgung durch Saul wird er in Angst leben müssen. Er wird nicht mehr fröhlich sein. Er wird nie mehr schneeweiß sein, weil er selbst weiß: so war ich in Wirklichkeit nicht, denn »ich bin als Sünder geboren«. Aber trotzdem bleibt der Herr bei ihm, hält zu ihm. Und das sehen wir, daß gerade da, wo die Strafe liegt bei seinen Nachkommen, gerade da das Heil auch zu finden sein wird: in Jesus Christus.

»Siehe, dir gefällt Wahrheit, die im Verborgenen liegt, und im Geheimen tust du mir Weisheit kund.«

David bleibt bis heute für uns Christen der Vorläufer Jesu und für die Juden der König, das wahre Vorbild eines Königs, ein Bild, welches in den Chronikbüchern festgehalten ist. Und wenn heute den Juden ihr wahrer König offenbart wird, der einzige Sohn Gottes, werden alle Israeliten »so schwach wie David sein«, und das bedeutet, so stark wie es der stärkste und gerechteste König Israels war.

Vergessen wir nicht: David ist nach Ehebruch und Mord, jedoch nach seiner Buße, nach seiner Strafe, ein anderer geworden. Gerade durch diesen Vorgang ist er bis in die letzte Tiefe von Gottes Gerechtigkeit zu seiner Barmherzigkeit gestoßen. Der ältere David ist gereift durch diese Erfahrung. Er weiß nun in der letzten Tiefe, wie schuldig er selbst ist.

Die Geschichte von Davids Ehebruch und Mord und dieser Bußpsalm zeigen uns, wie tief das Böse in uns wurzelt, wie schuldig wir wirklich sind, alle von uns. Das bestätigt Jesus in seiner Auslegung von Ehebruch und Mord in der Bergpredigt. Wir tragen Schuld unseren Nächsten wie auch uns selbst gegenüber, vor allem aber haben wir eine direkte Schuld unserem Herrn gegenüber, dem gerechten Gott Israels. Wir sollten wie David ein für allemal lernen, daß wir keine weißen Kleider mehr haben, zutiefst befleckt sind, keine Gerechten mehr sind vor dem Herrn.

Mit dieser Erkenntnis und inneren Erfahrung ist der Weg zur Gnade eröffnet, denn »das Opfer, welches Gott gefällt, ist ein geängstetes, zerschlagenes Herz«. Darum ist Psalm 51 der zentrale, der entscheidende Bußpsalm, denn er redet nicht nur von David, sondern auch von uns, von jedem von uns. Und er zeigt uns den Weg: Buße, Schritt um Schritt zurück zu dem gnädigen, erlösenden Gott Israels, Jesus Christus.

Die rechte Zeit

1 Ein jegliches hat seine Zeit, und alles Vorhaben unter dem Himmel hat seine Stunde:

2 geboren werden hat seine Zeit, sterben hat seine Zeit; pflanzen hat seine Zeit, ausreißen, was gepflanzt ist, hat seine Zeit;

3 töten hat seine Zeit, heilen hat seine Zeit; abbrechen hat seine Zeit, bauen hat seine Zeit;

4 weinen hat seine Zeit, lachen hat seine Zeit; klagen hat seine Zeit, tanzen hat seine Zeit;

5 Steine wegwerfen hat seine Zeit, Steine sammeln hat seine Zeit; herzen hat seine Zeit, aufhören zu herzen hat seine Zeit;

6 suchen hat seine Zeit, verlieren hat seine Zeit; behalten hat seine Zeit, wegwerfen hat seine Zeit;

7 zerreißen hat seine Zeit, zunähen hat seine Zeit; schweigen hat seine Zeit, reden hat seine Zeit;

8 lieben hat seine Zeit, hassen hat seine Zeit; Streit hat seine Zeit, Friede hat seine Zeit.

9 Man mühe sich ab, wie man will, so hat man keinen Gewinn davon.

10 Ich sah die Arbeit, die Gott den Menschen gegeben hat, daß sie sich damit plagen.

11 Er hat alles schön gemacht zu seiner Zeit, auch hat er die Ewigkeit in ihr Herz gelegt; nur daß der Mensch nicht ergründen kann das Werk, das Gott tut, weder Anfang noch Ende.

12 Da merkte ich, daß es nichts Besseres dabei gibt als fröhlich sein und sich gütlich tun in seinem Leben.

13 Denn ein Mensch, der da ißt und trinkt und hat guten Mut bei all seinem Mühen, das ist eine Gabe Gottes.

14 Ich merkte, daß alles, was Gott tut, das besteht für ewig; man kann nichts dazutun noch wegtun. Das alles tut Gott, daß man sich vor ihm fürchten soll.

15 Was geschieht, das ist schon längst gewesen, und was sein wird, ist auch schon längst gewesen; und Gott holt wieder hervor, was vergangen ist.

(Pred. 3,1–15)

Wird nicht jeder von uns manchmal von dem Gefühl überfallen: Jetzt ist alles vorbei! Jetzt ist es zu Ende! Wenn wir endlich erwachsen sind, verheiratet sind und einen Beruf und Kinder haben, blicken wir auf unsere eigene Kindheit zurück und denken: Ja, so war das damals. Aber damit habe ich nichts mehr zu tun. Die Zeit gehört mir nicht mehr, sie bleibt nur als Erinnerung erhalten. Und hatten wir nicht als Kinder die Zeit des Erwachsenseins herbeigesehnt? Wollten wir nicht endlich zeigen, was wir konnten und wer wir waren? Immer wünschten wir uns irgend etwas, was wir nicht hatten. Groß wollten wir sein, erwachsen, Anerkennung genießen – und dann war mit einemmal die Kindheit vorbei. Erst später merkten wir, vielleicht an unseren eigenen Kindern, vielleicht durch Erinnerungen, wie schön die Kinderzeit eigentlich war oder hätte sein sollen.

Und so geht es uns mit jeder Lebensphase. Jetzt, wo ich meine ersten weißen Haare bekomme, denke ich öfter zurück an die ersten Jahre unserer Ehe, als die Kinder kamen, als meine Frau und ich zusammen unsere Welt gestalteten. Und nun merke ich: das ist vorbei, du hast nicht mehr die gleichen Kräfte, die Zeit kehrt nicht mehr zurück. Wie sehr hatten wir gehofft, in dieser unruhigen Zeit eine sinnvolle Zukunft aufzubauen; miteinander wollten wir es tun. Dabei waren wir so beschäftigt, daß die Zeit uns zwischen den Fingern zerrann. Auch diese, vielleicht allerschönste Zeit ist nun vorbei. Wir erkannten es erst, als wir mehr oder weniger alles erreicht hatten, was wir uns wünschten. Jetzt geht uns auf, daß auch diese Zeit, wie unsere Kindheit, so sehr auf die Zukunft ausgerichtet war, daß sie uns wie Wasser durch die Hände lief.

Und ebenso wird es sein, wenn wir alt werden. Dann bleiben uns nur noch Erinnerungen, dann haben wir mehr als genug Zeit, um festzustellen, daß die Zeit uns im Griff hatte und nicht wir sie.

Wenn der Prediger sagt, daß alles zu seiner Zeit geschehen soll, so weiß er gleichzeitig, daß es bei uns Menschen anders aussieht. Wir sind zu unruhig, um uns an diesen Worten genügen zu lassen – geprägt durch Träume und Zukunftswünsche. Wir möchten unser Leben bestimmen, selbst gestalten – und gerade bei diesem Versuch eilt die Zeit an uns vorbei, läuft uns weg, ist nicht mehr greifbar.

Gibt es wirklich eine Gegenwart und nicht nur Vergangenheit und Zukunft? Wir warten auf die Ernte, aber wenn sie eingebracht ist, wenn das Reifwerden zur Vergangenheit geworden ist, dann geht es schon wieder um neuen Einsatz. Unser Tun, unsere Aktionen – das „Steinesammeln und Steinezerstreuen", von dem hier die Rede ist –, das steht lange vor uns als zukünftiges Ereignis, und dann ist es plötzlich schon vorbei, gehört der Vergangenheit an. Die Gegenwart, die Wirklichkeit des Augenblicks rinnt uns ständig durch die Finger wie Sand. Vorbei, nicht mehr greifbar, verloren.

Wie kann Zeit für uns sinnvoll werden, wenn das Jetzt so plötzlich zum Gestern wird, wenn so schnell aus der ersehnten Zukunft erloschene Vergangenheit wird?

Der Prediger sagt: „Alles, was Gott tut, das besteht für ewig; man kann nichts dazutun noch wegtun. Das alles tut Gott, daß man sich vor ihm fürchte." Und dann gibt er uns eine Antwort: „Da merkte ich, daß es nichts Besseres gibt als fröhlich sein und sich gütlich tun in seinem Leben. Denn ein Mensch, der da ißt und trinkt und hat guten Mut bei all seinem Mühen, das ist eine Gabe Gottes."

Diese beiden Aussagen hängen eng miteinander zusammen. Sie geben uns einen gewissen Aufschluß über das Rätsel der Zeit, über ihren Hintergrund und über die Unmöglichkeit, unsere Zeit selbst in den Griff zu bekommen.

Der Prediger stellt fest, daß alles, was geschieht, eine Ursache hat, uns aber andererseits wie etwas Unabänderliches überflutet. Er empfindet einen sinnvollen Rhythmus in allem Geschehen – eine Zeit für das Säen und Pflanzen und eine Zeit fürs Ernten, eine Zeit zum Leben und eine Zeit zum Sterben –, daß irgendwo die Dinge zu einer tiefen Einheit zusammengefaßt werden. Die Einzelheiten unseres Lebens, die der Lauf der Zeit oft wirr aneinanderzuhängen scheint, klingen bei Gott in einer Harmonie zusammen. Und die vielen Einzelleben sind nach seinem Plan in den Gang der Weltgeschichte hineingeordnet. Er ist der Urheber alles Geschehens.

„Furcht des Herrn" bedeutet hier die Erkenntnis, daß es eine solche Harmonie, eine solche Ordnung gibt. Eine Zeit für dieses und jenes und den Gesamtplan eines großen Meisters für ihren Ablauf. Und sie bedeutet auch, daß wir Menschen nicht über die Zeit verfügen können. Wir erkennen manchmal einige Linien, Zeiten für das eine oder das andere, aber oft merken wir erst zu spät, was eigentlich dran war. Wir lebten an der Zeit vorbei, oder sie ging über uns hinweg, ohne daß uns Sinn und Zweck aufgegangen wäre. Doch der Prediger sagt uns sehr klar, daß es einen Sinn und eine Zielsetzung der Zeit gibt. Sie gehört dem Herrn – auch unsere private Zeit –, und das sollte uns zur Furcht des Herrn hinführen.

Angesichts dieser Aussagen erscheint uns die Schlußfolgerung des Predigers beinahe lächerlich unwichtig: „Ein Mensch, der da ißt und trinkt und hat guten Mut bei all seinem Mühen, das ist eine Gabe Gottes!"

Heißt das nicht, die Gottlosigkeit unserer Tage bejahen, wo die Menschen leben wie zur Zeit Noahs: „ . . . sie aßen, sie tranken, sie freiten und ließen sich freien, bis die Sintflut kam und sie auslöschte . . . "? So hat es der Prediger nicht gemeint. Das Erwecken der Gottesfurcht ist ja gerade das letzte, was er zu diesem Thema zu sagen hat: „ . . . das alles tut Gott, daß man sich vor ihm fürchten soll." Und dann fährt er fort: „Was geschieht, das ist schon längst gewesen, und was sein wird, ist auch schon längst gewesen; und Gott holt wieder hervor, was vergangen ist."

Das Wort des Predigers ist zutiefst von Demut geprägt. Er hat unser Versagen im Hinblick auf das sinnvolle Umgehen mit der Zeit im Auge und auch unsere Unfähigkeit, Gottes Plan zu enträtseln. Er möchte uns mit der Aussage über die umfassende Herrschaft Gottes über Zeit und Ewigkeit zu einer grundsätzlichen Erkenntnis über uns selbst führen: Du Mensch, merke doch, wie klein du wirklich bist, klein in deinem Mühen, klein in deinen Werken, klein darin, daß die Zeit über dich bestimmt und nicht du über sie.

Eine solche Aussage haben wir emanzipierten, vom Humanismus beeinflußten Menschen heute nötiger denn je, weil dieser Ruf die Wahrheit über den Menschen schonungslos enthüllt.

Auch wenn wir an einem klaren Sommerabend einen Spaziergang machen und den Sternenhimmel über uns betrachten, können wir etwas davon spüren. Wir sehen Sterne, die zum Teil Milliarden Lichtjahre von uns entfernt sind, schon tot sind – aber uns trifft noch ihr Glanz. Wie klein, wie bedeutungslos sind wir Menschen doch angesichts dieses unbegrenzten Raumes. Das ist die Wahrheit über uns. Der Herr schuf die Zeit mit seinem „am Anfang", und er schuf den Raum mit „Himmel und Erde". Er herrscht über beides – immer und ewig.

Aus tiefster Ehrfurcht vor ihm wollen wir uns einfügen in das, was er geschaffen hat, wollen seine Herrschaft über die Zeit und unser Leben annehmen. Wenn wir dann täglich „alles zu seiner Zeit" aus seiner Hand empfangen – Essen, Trinken, Arbeit und Freude –, dürfen wir glücklich sein, weil wir nicht mehr über uns selbst bestimmen wollen und müssen, sondern als seine Kinder von ihm her leben. Die Selbstbestimmung ist im letzten Grunde eine Last, und wir täuschen uns ja ohnehin, wenn wir glauben, das Recht dazu zu besitzen.

Dann wird auch unser Essen und Trinken von aufrichtiger Gebetshaltung begleitet sein – auch im Tischgebet –: Ich danke dir, Gott, weil du der Herr meines Lebens bist. Jede Phase, jede Einzelheit unseres Lebens können wir dann annehmen, wie sie kommt, aus seiner Hand, von ihm bestimmt. Und dabei dürfen wir guten Mut haben, weil wir ja nur die Empfangenden sind und weil wir uns darin zu unserem Schöpfer bekennen.

Doch spricht unser Text ja auch von einer Zeit zum Sterben. Unser Tod wäre sinnlos, wenn es keine Zukunft mehr dahinter gäbe. Zwar schenkt Gott immer wieder neues Leben auf die verschiedenste Weise, wenn auch ein Einzelschicksal erlischt, aber das allein vermag unserem Leben keinen Sinn zu bewahren.

An dieser Stelle müssen wir weiter blicken, als es der Prediger vermochte. Am Kreuz Jesu Christi wurde unser Leben auch über den Tod hinaus sinnvoll gemacht. Zur Zeit seiner Erhöhung, zur Zeit Gottes, brach er dort die Macht des Todes, die bis dahin auch unser Leben in ihren Bann geschlagen hatte. Wir leben ja nur in einer Richtung hier auf dieser Welt. Vom Impuls der Geburt an ist unser Leben im Grunde ein zunehmendes Versickern, das mit dem Tod seinen Abschluß findet.

Am Kreuz auf Golgatha erhielten Zeit und Ewigkeit ein für allemal ihren rechten Stellenwert. Hier begegneten sich die verlorene Zeit einer Welt, die dem ewigen Tod geweiht ist, die ihren Herrn und Erlöser umbrachte, und die Ewigkeit des Gottesreiches, das Christus uns eröffnete. Er nahm alle verfehlten Versuche der eigenen Lebensbestimmung auf sich und wandelte verlorene Zeit, verlorenes Leben in ewiges Leben um. Durch das Geschenk des Glaubens dürfen wir an dieser Verwandlung teilhaben.

Darum wollen wir essen und trinken und fröhlich sein bei unserer Arbeit. Ehre und Ruhm sei ihm allein, der Zeit und Vergänglichkeit unseres Lebens und Todes in seine Ewigkeit hineinnimmt. Er allein ist der Herr!

Die Heiligkeit Gottes

In dem Jahr, als der König Usija starb, sah ich den Herrn sitzen auf einem hohen und erhabenen Thron, und sein Saum füllte den Tempel. Serafim standen über ihm; ein jeder hatte sechs Flügel: mit zweien deckten sie ihr Antlitz, mit zweien deckten sie ihre Füße, und mit zweien flogen sie. Und einer rief zum andern und sprach: Heilig, heilig, heilig ist der Herr Zebaoth, alle Lande sind seiner Ehre voll! Und die Schwellen bebten von der Stimme ihres Rufens, und das Haus ward voll Rauch. Da sprach ich: Weh mir, ich vergehe! Denn ich bin unreiner Lippen und wohne unter einem Volk von unreinen Lippen; denn ich habe den König, den Herrn Zebaoth, gesehen mit meinen Augen. Da flog einer der Serafim zu mir und hatte eine glühende Kohle in der Hand, die er mit der Zange vom Altar nahm, und rührte meinen Mund an und sprach: Siehe, hiermit sind deine Lippen berührt, daß deine Schuld von dir genommen werde und deine Sünde gesühnt sei. Und ich hörte die Stimme des Herrn, wie er sprach: Wen soll ich senden? Wer will unser Bote sein? Ich aber sprach: Hier bin ich, sende mich!

Und er sprach: Geh hin und sprich zu diesem Volk: Höret und verstehet's nicht; sehet und merket's nicht! Verstocke das Herz dieses Volks und laß ihre Ohren taub sein und ihre Augen blind, daß sie nicht sehen mit ihren Augen noch hören mit ihren Ohren noch verstehen mit ihrem Herzen und sich nicht bekehren und genesen. Ich aber sprach: Herr, wie lange? Er sprach: Bis die Städte wüst werden, ohne Einwohner, und die Häuser ohne Menschen und das Feld ganz wüst daliegt. Denn der Herr wird die Menschen wegtun, so daß das Land sehr verlassen sein wird. Auch wenn nur der zehnte Teil darin bleibt, so wird es abermals verheert werden, doch wie bei einer Eiche und Linde, von denen beim Fällen noch ein Stumpf bleibt. Ein heiliger Same wird solcher Stumpf sein.

Jesaja 6, 1-13

Hier wird nicht gesprochen von einem gütigen Herrn, von einem barmherzigen Herrn, von einem liebenden Herrn, sondern von einem heiligen Herrn. Warum? Weil der Weg, um zu diesem gütigen Herrn, zu diesem barmherzigen Herrn, zu diesem liebenden Herrn zu kommen, Verbindung mit ihm haben, nur über seine Heiligkeit geht, über seine Allmacht, über die Erkenntnis bis in Mark und Bein, wie klein und bedeutungslos wir tatsächlich sind und wie groß der Herr ist. Wer meint: Ja, so war es im Alten Bund, aber so ist es nicht mit Jesus, der irrt sich. Er ist der heilige Gott Israels, und wie damals bei Jesaja, so geht auch heute bei uns der Weg zu seiner Liebe, zu seiner Güte, zu seiner Barmherzigkeit nur über seine Heiligkeit, seine Allmacht. Wieso denn?

Nehmen wir als Beispiel zuerst Jesu Ruf in die Nachfolge, dann seine Bergpredigt und zuletzt sein Kreuz. Weshalb sind Jesu Jünger seinem Ruf »Komm und folge mir nach« gefolgt? Weshalb konnten sie alles verlassen, um ihm nachzufolgen? Nur weil sie seine Macht, seine Kraft spürten in seinen Worten, in dem Wort, welches die Welt erschaffen hat. Ein Aufgeben des alten Lebens, der alten Lebensweise kann nur geschehen, wenn ein neuer, anderer Machthaber über uns regiert als unsere Gewohnheiten, als unsere Versuche, uns selbst zu sichern gegen jede Not, uns selbst durchzusetzen in dieser Welt. Aber dann, gerade dann, nachdem wir unsere Wege, unsere Macht dem Herrn unterstellt haben, erleben wir seine Führung, seinen Trost, seine Liebe und Barmherzigkeit. Aber nur dann! Sonst bleiben wir, wie damals das Volk Israel, unter Gottes Gericht.

Die Bergpredigt, Jesu zentrale Rede, ist keine Trostpredigt, sie zeugt nicht zuerst von der Liebe und Barmherzigkeit des Herrn, sondern sie ist geprägt von seiner Heiligkeit und Reinheit. In der Forderung nach Vollkommenheit, nach reinem Herzen und konsequenter Feindesliebe ist diese Bergpredigt eine Herausforderung des heiligen, allmächtigen Gottes Israels an uns, die wir nach seinem Bild erschaffen wurden, zu tiefer Verwandtschaft mit ihm. Aber gerade durch unsere Erkenntnis, daß wir dieses Gesetz Gottes nicht erfüllen können (wie damals die Jünger in ihrem Entsetzen), oder, wie Luther es ausdrückt, in dem Verlangen nach Buße, welches die Bergpredigt ausstrahlt (wie in der Reinheitshandlung hier an Jesaja), begegnen wir dem heiligen, allmächtigen, fordernden Gott. Aber wenn wir dann verstehen, daß Jesus diese Bergpredigt, diese

Forderung des heiligen Gottes selbst für uns erfüllt hat und daß wir Frieden haben mit dem Vater in Jesus Christus, ist uns der Weg geöffnet zu dem liebenden, barmherzigen Herrn, der uns täglich führen will. Nur über die Heiligkeit Gottes ist die Liebe und Barmherzigkeit Gottes zu erlangen.

Und wie steht es mit Jesu Kreuz, dem Zentrum unseres Glaubens? Kreuz ist in sich Gericht, denn Juden wie Heiden sind mitschuldig an diesem Geschehen, und die Jünger lassen Jesus im Stich. Das ganze Passionsgeschehen zeugt zutiefst von der Schuld der Jünger Jesu. Deswegen kam diese Dunkelheit über das Land. Es war die Schuld, die Finsternis der Welt, welcher Jesus ausgesetzt war und die er selbst trug bis in den eigenen Leib hinein. Aber nur wenn ich weiß — wie die großen Dichter der Passionslieder es bis in Mark und Bein hinein wußten — ich, ich bin die Ursache dieses Kreuzes, und nur wenn ich mich dem heiligen Herrn beuge, der meine Schuld und Sünde trug, habe ich Frieden mit dem Vater. Damit ist der Weg geöffnet zu dem barmherzigen, liebevollen, vergebenden Herrn Jesus Christus. Aber auch dann, vergessen wir es niemals, muß ich mich immer neu richten lassen durch das Wort des heiligen Gottes, indem ich Buße tue und als kleiner, sündiger Mensch Vergebung suche unter seinen segnenden Händen.

Und Jesaja tut gerade das. Er ist erschreckt, als er mit der Heiligkeit Gottes konfrontiert wird: »Weh mir, ich vergehe. Denn ich bin unreiner Lippen und lebe unter einem Volk von unreinen Lippen.« Die Reinigung Jesajas ist dann zweifach: Zuerst diese so tiefe Erkenntnis seiner eigenen Person und der Wege seines Volkes und dann die Handlung Gottes, die glühende Kohle auf seinen Lippen zum Zeichen, daß Jesaja nun Gottes Wort mit Vollmacht seinem Volk verkündigen darf. Nur wenn wir genauso wie Jesaja tief in unserem Herzen wissen, wie unrein und unwürdig wir wirklich sind, und das im Angesicht der Heiligkeit Gottes, der Reinheit Jesu und seines Wortes, können wir wahre Diener Gottes werden. Ruf in die Nachfolge Jesu bedeutet für uns, wie damals für Jesaja, die echte Erkenntnis unserer eigenen Lage und des Volkes, zu dem wir gehören, aber durchleuchtet von der Heiligkeit Gottes in Jesus Christus, in seinem Wort. Der Herr redet als Vollendung der Zeichenhandlung an Jesaja: »Siehe, hiermit sind deine Lippen berührt, daß deine Schuld von dir genommen werde und deine Sünde gesühnt sei.« Das bedeutet stets neu auch für uns, daß Jesus Christus, der heilige Gott Israels, uns immer wieder reinigen will, indem sein Wort, sein Wesen uns unsere Lage, unser Arm- und Schwach- und Sündigsein vor Augen stellt und ins Herz spricht. Dadurch werden wir reingesprochen unter seiner Heiligkeit, seinem richtenden und zugleich rettenden Wort.

Aber das Gericht ist beschlossen. Israels Schuld ist so groß, geht so tief, daß es nicht abzuwenden ist. So beantwortet der Herr Jesajas Frage: »Wie lange, Herr?« mit dem Satz: »Bis die Städte wüst werden, ohne Einwohner, und die Häuser ohne Menschen und das Feld ganz wüst daliegt.« Sofort haben wir zwei dringende Fragen: Zum einen: Warum so ein umfassendes Gericht? Zum anderen und noch zentraler: Wenn Gott solch ein Gericht beschlossen hat, warum soll Jesaja es dem Volk überhaupt verkündigen, und zwar gezielt, um das Herz des Volkes zu verstocken? Alles ist schon beschlossen, es gibt trotz und wegen Gottes Wort an seinen Propheten anscheinend keinen Ausweg mehr.

Zuerst: die Begründung seines Gerichts ist durch die ganze Jesaja-Verkündigung wie auch die der anderen Propheten wahrzunehmen. Das Volk Israel hat seinem Gott die Treue nicht gehalten. Sie beten Götzen an. Ihr Bekenntnis zum Herrn ist nur Lippenbekenntnis. Und weil der wahre Glaube nicht vorhanden ist, kann der Vollzug des Gehorsams zum Herrn in der Nächstenliebe nicht stattfinden. Israels Wege sind krumm und damit auch ihre Werke. Gottes Gericht ist deshalb unausweichlich.

Ist nicht diese Botschaft heute genauso aktuell wie damals? Können wir behaupten, daß Jesus Christus wirklich Mittelpunkt des Lebens unserer Gesellschaft und Zeit ist? Selbsterkenntnis ist der einzige Weg zu der Wahrheit und damit zu unserer Erlösung durch den Herrn. Sonst stehen wir auch vor dem Gericht, einem schrecklichen Gericht. Aber wer warnt das Volk heute? Wer predigt von Jesu Heiligkeit, seiner Vollmacht? Nur dann ist die Möglichkeit einer Umkehr und Rückkehr zum barmherzigen Herrn möglich. Doch wie sollen wir die Verstockungspredigt verstehen? Predigen wir denn, damit die Menschen ins Gericht kommen sollen? Diese Aussage ist nur zu verstehen in bezug auf die zehn Prozent, diesen Stumpf, der übrigbleibt, weil das Gericht hier nicht unbedingt endgültig ist. Hat nicht Jesaja uns auch viel über Jesus und sein Heil vorausgesagt? Hier ist folgendes gemeint:

1. Auf das Wort der Propheten, sowohl auf ihr richtendes als auch auf ihr verheißungsvolles Wort, reagieren die verlorenen Menschen mit Spott und Hohn wie viele zur Zeit Jesu bei seiner Kreuzigung. Das bedeutet, daß ihre Schuld so tief geht, daß das Wort Gottes sie nur noch tiefer in Schuld, in Ablehnung bringt (Verstockung).

2. Aber, und das ist zentral: Es wird einen Rest geben, ein Zehntel, welches diesem Gericht entgeht. Deswegen predigt Jesaja Gericht wie Verheißung, damit dieser Rest herausgeholt, gerettet wird aus dem Gericht. Niemand weiß, wer diese Menschen sind. Weder in Jesajas Zeit, noch zu Jesu Zeit, noch zu unserer Zeit. Er predigt, wie wir alle predigen sollen, mit der Schärfe des Wortes, von der Heiligkeit Gottes. Aber zugleich bietet er eine Antwort darauf: Hier, dieser Rest für diese verheißungsvolle Zukunft, »der heilige Same« für das Tausendjährige Friedensreich (Jes 11), die Entrückung und Gottes ewiges Reich.

Laßt uns jetzt uns beugen vor dem heiligen, richtenden Gott, Jesus Christus, in der Erkenntnis, wie arm und klein und schuldig wir sind und wie wichtig wir uns alle selbst nehmen. Laßt uns aber diese Schuld dem gekreuzigten Herrn Jesus übergeben, und zwar nicht nur jetzt, sondern Tag für Tag. Laßt uns bitten und beten, daß er jeden von uns ausrüsten möge mit der Kraft seines Heiligen Geistes durch sein Wort, damit wir als Botschafter an seiner Stelle Jesajas wie Jesu Ruf zur Umkehr zu unserem Nächsten bringen, jeder in seiner Art und Weise. Denn das Gericht Gottes mit seiner ganzen Schärfe ist nahe, aber vielen wird die Umkehr zu Jesus Christus noch die wahre Errettung bringen: in seiner Zukunft, ohne Gericht, ohne Krieg und Haß, ohne Krankheit und Altwerden, ohne Schuld. »Wir danken dir, Herr Jesus Christ, daß du für uns gestorben bist.«

Am Ende der Tage

8 So geh nun hin und schreib es vor ihnen nieder auf eine Tafel und zeichne es in ein Buch, daß es bleibe für immer und ewig.

9 Denn sie sind ein ungehorsames Volk und verlogene Söhne, die nicht hören wollen die Weisung des Herrn,

10 sondern sagen zu den Sehern: „Ihr sollt nicht sehen!" und zu den Schauern: „Was wahr ist, sollt ihr uns nicht schauen! Redet zu uns, was angenehm ist; schauet, was das Herz begehrt!

11 Weicht ab vom Wege, geht aus der rechten Bahn! Laßt uns doch in Ruhe mit dem Heiligen Israels!"

12 Darum spricht der Heilige Israels: Weil ihr dies Wort verwerft und verlaßt euch auf Frevel und Mutwillen und trotzet darauf,

13 so soll euch diese Sünde sein wie ein Riß, wenn es beginnt zu rieseln an einer hohen Mauer, die plötzlich, unversehens einstürzt;

14 wie wenn ein Topf zerschmettert wird, den man zerstößt ohne Erbarmen, so daß man von seinen Stücken nicht eine Scherbe findet, darin man Feuer hole vom Herde oder Wasser schöpfe aus dem Brunnen.

15 Denn so spricht Gott der Herr, der Heilige Israels: Wenn ihr umkehrtet und stille bliebet, so würde euch geholfen; durch Stillesein und Hoffen würdet ihr stark sein. Aber ihr wollt nicht

16 und sprecht: „Nein, sondern auf Rossen wollen wir dahinfliegen", – darum werdet ihr dahinfliehen, „und auf Rennern wollen wir reiten", – darum werden euch eure Verfolger überrennen.

17 Denn euer tausend werden fliehen vor eines einzigen Drohen; ja vor fünfen werdet ihr alle fliehen, bis ihr übrigbleibt wie ein Mast oben auf einem Berge und wie ein Banner auf einem Hügel.
(Jes. 30,8–17)

Wir alle sehnen uns nach Bestätigung, nach Trost, wenn Menschen oder Umstände uns in Frage stellen. Jeder möchte gern hören, daß er eigentlich so, wie er ist, ganz in Ordnung ist, daß schon alles gutgehen wird, wenn er nur so weitermacht. Selbstbestätigung ist uns ebenso auf den Leib geschnitten wie Selbstliebe.

Wie gerne hören wir uns Schmeicheleien an, ein anerkennendes Wort über unsere Klugheit, unser Aussehen, unsere geistliche Haltung, unsere guten Leistungen auf beruflichem und sozialem Gebiet und – unsere Selbstlosigkeit. Doch nichts fördert unsere Selbstsucht mehr als diese Art von Komplimenten. Es ist ein Merkmal der falschen Propheten gewesen, daß sie das predigten, was die Menschen gerne hören wollten, daß sie ihnen ein unrealistisches Bild von sich selbst und ihrer Zeit entwarfen, daß sie ihnen unechten Trost gewährten. Das an die Sünde verlorene Ich wurde damit nur noch mehr in Sicherheit gewiegt, der geistliche Tod verschleiert. „Was wahr ist, sollt ihr nicht schauen! Redet zu uns, was angenehm ist; schauet, was das Herz begehrt." Doch zu allen Zeiten hat der Herr auch wahre Propheten berufen, solche, die das Neue forderten – Umkehr, Umbruch, Buße.

Merkwürdig ist, daß das Leben in eigener Regie, der geistliche Tod, wie er in diesem Text beschrieben wird, etwas mit Tempo, mit gehetzten Bemühungen zu tun hat. „Nein, auf Rossen wollen wir dahinfliegen, und auf Rennern wollen wir reiten . . ." Das Volk, das Schmeicheleien zu hören bekommt, ruft: „Laß uns doch in Ruhe mit dem Heiligen Israels!" Es möchte seine Ruhe, seine Selbstsicherheit, seine Selbstzufriedenheit bewahrt sehen, gleichzeitig aber greift es hastig zur Selbsthilfe. Es möchte sich sein Heil selbst schaffen und wird in allem Jagen danach auf der Flucht vor dem Unheil umkommen.

Ist dieser Widerspruch nicht auch in mancher Gemeinde zu finden? „Laß mich in Frieden, ich will meine Ruhe haben . . ." Gleichzeitig verfallen wir der Hetze, leben ganz und gar ohne Ruhe. Wir wollen das Hastige nicht, wir wollen die Bestätigung unseres Ichs, Anerkennung unserer Zufriedenheit mit uns selbst. Doch unser Leben redet eine andere Sprache. Wir kommen nicht dazu, die ersehnte Ruhe zu genießen, die Erfüllung in uns selbst zu finden. Wir können der Hast und der Unruhe nicht entfliehen, sondern lassen uns jagen von dem Wunsch, unser Heil, den Sinn unseres Lebens selbst zu finden. Die unechten Tröster, die falschen Propheten sprechen uns Heil und Frieden zu, aber es gibt keinen Frieden. Wir wollen nicht hören, wie es in Wirklichkeit mit uns aussieht. Wir wollen in Ruhe gelassen werden, doch wir selbst sind voller Unruhe. Wir sehnen uns nach der Bestätigung, daß bei uns alles in Ordnung ist, aber unsere eigene Rastlosigkeit, unsere Hast schaffen ständig neue Unruhe, innere, geistige Unordnung, Unzufriedenheit.

Dieses Bild vom Jagen der Pferde und Reiter gilt nicht nur für uns als einzelne, sondern auch für die Strömungen und Wandlungen unserer Zeit. Die Hast und Unruhe besteht nicht nur in uns. Sie spiegelt sich auch in den rasanten Entwicklungen auf allen möglichen Gebieten wider. Die Welt treibt ihrem Ende zu. In vielen Bereichen ist eine Sättigungsgrenze erreicht. Auch im menschlichen Leben scheint ja am Anfang unendlich viel Zeit vorhanden zu sein. Je älter wir aber werden, desto mehr rinnt sie uns zwischen den Fingern davon. Wie Reiter auf schnellen Pferden eilen wir unserem Tod entgegen, auch wenn wir vielleicht nur zu Hause sitzen und in unserer „bequemen" Unruhe leben.

Wir können dem nicht entfliehen, wir werden selbst überholt. Die Hetze treibt uns so lange, bis wir zum Stürzen gebracht werden. Diese Unruhe, dieses Hasten ist letztlich ein Werk des Satans. Er will, daß wir nicht zur Ruhe kommen, vor allem nicht zur wahren Ruhe in Gott. Er will nichts von Umkehr wissen, möchte uns die Zeit zum Nachdenken nehmen, die Zeit für den Herrn, die Zeit, einen anderen Weg einzuschlagen. Er hält die Hetzpeitsche in der Hand, und wir rennen in seiner Richtung davon – ohne Ruhe, ohne Frieden.

Doch immer, wenn der Satan am Werk ist, wenn er darauf losschlägt und die Menschen treibt, entdecken wir gleichzeitig, daß letztlich der Herr ans Ziel kommt und nicht der Satan. Der Satan veranlaßte die Brüder Josefs, böse an ihm zu handeln. Doch sein großes Leid wurde zum Heil der Brüder umgewandelt. Jahrtausendelang wurden die Juden verfolgt, aber ihre Leiden und die damit verbundene Rückkehr nach Israel machten den Weg für die Wiederkunft Jesu frei.

In dem Zur-Macht-Kommen Hitlers erlebte das Böse einen Triumph. Aber durch seine Greueltaten fanden viele Deutsche den Weg zur Buße.

Die Verblendung durch Satan trieb Saulus zur Verfolgung der Christen und zum Massenmord. Doch Gott machte einen seiner größten Diener aus ihm.

Diese Überlegungen sollten uns nicht dahin führen, daß wir unsere Unruhe als notwendigen Ausgangspunkt für das Handeln Gottes ansehen. Wenn wir unser Ich weiterhin in unserem Leben Regie führen lassen, wenn uns Selbstbestätigung lieber ist und bleibt als die Wahrheit über uns und die Welt, dann treiben wir unsere Pferde, bis das, „was von euch übrig ist, aussieht wie ein Fahnenmast auf dem Gipfel eines Berges, wie ein Feldzeichen auf dem Hügel". Dann gleichen wir gespenstischen Gestalten, die bis an äußerste Grenzen gejagt werden und dann im ewigen Tod erstarren. Dann werden wir selbst zur Beute Satans und nicht Erben des Friedensreiches Gottes.

Unser Text mahnt uns zur Umkehr. Er steht gegen unsere Bequemlichkeit, gegen falschen Trost und Bestätigung unseres Ichs. Er trifft uns bis ins Mark hinein, verheißt uns dann aber echten Trost in der Wahrheit des Christus: „Wenn ihr umkehrtet und stille bliebet, würde euch geholfen; durch Stillesein und Hoffen würdet ihr stark sein."

Wir müssen bewußt haltmachen auf unseren falschen Wegen, die Richtung ändern und stillhalten. Wer glaubt, dafür keine Zeit zu haben, wer sich im Genuß und der Hetze dieser Welt verliert, für den heißt es dann: „ . . . darum spricht der Heilige Israels: Weil ihr diese Worte verwerft und verlaßt euch auf Frevel und Mutwillen und trotzet darauf, so soll euch diese Sünde sein wie ein Riß, wenn es zu rieseln beginnt an einer hohen Mauer, die plötzlich unversehens einstürzt, wie wenn ein Topf zerschmettert wird."

Wir wollen auf diese Worte hören, ehe es zu spät ist. Wer keine Zeit dafür hat, bleibt in der ewigen Unruhe des „Nicht-Friedens", des „Nicht-Schaloms".

In der Stille, im Nachdenken über Gottes Wort, kann unsere Zeit in Ewigkeit verwandelt werden. Wir wollen stille werden und erkennen, daß er der Herr ist. Wir wollen nicht auf unsere eigene Stimme hören, sondern auf seine. Im anderen Fall bleibt von unserem ganzen weltlichen Gewinn nur Verlust, nur Sprachlosigkeit, nur der Tod übrig, „ein Mast auf einem Berg, ein Banner auf einem Hügel".

Wir wollen lernen, was hoffen heißt. Hoffnung reicht von der Gegenwart bis in die Zukunft. Hoffnung wächst in der Stille, im Gespräch mit dem Herrn. Hoffen heißt, *ihm* vertrauen, nicht unserer Klugheit, unseren Erfahrungen, unserem Bedürfnis nach Anpassung. Hoffen heißt, seine Verheißungen ernst nehmen, wissen, daß er zuverlässig ist. Er hat uns bis hierher gebracht, auch durch schwere Zeiten. Er wird uns auch ans Ziel bringen – nur er allein.

„Herr Jesus Christus, unser Schöpfer, unser Erlöser, unser A und O, hilf uns, daß wir allein auf dich vertrauen. Hilf uns, unsere falschen Wege zu erkennen, gib uns Kraft zur Umkehr. Wir wissen, daß du auf deine verlorenen Kinder mit offenen Armen wartest. Gib uns die Ruhe in dir, in deinem Frieden, daß wir getrost in die Zukunft schauen dürfen, weil wir wissen, daß du ans Ziel kommst."

»Du bist mein!«

Und nun spricht der Herr, der dich geschaffen hat, Jakob, und dich gemacht hat, Israel: Fürchte dich nicht, denn ich habe dich erlöst; ich habe dich bei deinem Namen gerufen; du bist mein!

Jesaja 43,1

Eine Erfahrung, welche ich über Jahre hinweg gemacht habe, ist die, daß, wenn Menschen zum Glauben, zu einem wahren, tiefen und bindenden Glauben an Jesus Christus kommen, sie das fast nur über Leiden tun — und zwar Leiden verschiedener Art. Manche Menschen vorgerückten Alters und auch der Jahrgänge der Konfirmandeneltern haben gelitten, als sie Menschen verloren, welche ihnen nahestanden: Vater und/oder Mutter, ihren Ehegatten oder sogar ihre Kinder. Solche Menschen sahen das Leben, wie es wirklich ist: ein Leben der Hoffnung, Zukunftserwartung — dann mit der Zeit ein immer schneller dem Tod zueilendes Leben. Auf solchen Verlust, auf solche Leiden konnten sie entweder antworten: »Gott sei Dank, ich lebe noch«, um so die Wahrheit des Todes, des Verlustes zu verdrängen; oder sie konnten dieser sie bewegenden Wirklichkeit des Leidens und des Todes ins Auge sehen. Zu solchen Menschen spricht jetzt der Herr Jesus Christus: »Fürchte dich nicht, ich habe dich erlöst; ich habe dich bei deinem Namen (deinem Wesen) gerufen; du bist mein.« Das bedeutet: Ich bin dein Leidenskönig, ich ging diesen Weg des Leidens, des Verlustes, damit du durch mich Gewinn haben kannst, nämlich meinen Frieden, meine Führung, mein Reich. Ja, so spricht Jesus jetzt zu euch, zu denen, welche die Wahrheit des Leidens, des Todes, des Verlustes nicht verdrängen, sondern als eigene Wirklichkeit annehmen.

So haben zu unser aller Freude viele Konfirmanden in den letzten Jahren ihren Weg zu ihrem Heiland und Erlöser, Jesus Christus, gefunden. Man fragt, das ist doch kaum möglich, sie sind noch Jugendliche, sie haben das Leben erst vor sich. Wieso haben sie gelitten, die Wahrheit des Leidens und des Todes wahrgenommen? Die Antwort ist, daß das Wort Gottes sie gerichtet und ihnen gezeigt hat: die Oberflächlichkeit ihrer Wege, ihrer Auffassung vom

Leben, ihr Manipuliertsein von so vielen falschen Lebensauffassungen wie Erfolg und Geld, Sex und andere Lüste, Sicherheit und Bequemlichkeit. Sie haben diese falschen, flüchtigen Werte durch das richtende und aufrichtende Wort Gottes durchschaut. Und sie haben gelernt, daß das wahre Problem dieser Welt nicht in Gesellschaftsformen liegt, denn hier gibt es keine sehr guten oder gar vollkommenen; auch nicht bei den bösen anderen Menschen, denn diese sind ebenso Menschen wie Sie und ich, sondern, daß das wahre Problem in uns selbst liegt. »Ich lebe für die Welt, für ihre Pracht und Lust. Ich suche meine Wege, und das oft auf Kosten des anderen. Ich will leben, ich will Erfahrungen sammeln, ich will mich selbst finden.« Solche jungen Menschen haben sehr jung erkannt, wo das Problem dieser Welt liegt: nicht bei den anderen, sondern bei uns selbst. Und das Wort Gottes hat sie gerichtet und aufgerichtet, indem sie ihr Leiden an sich selbst, an ihrem Egoismus und ihrer Unvollkommenheit ihrem Leidensherrn Jesus Christus übergeben konnten. Das geschah unter euch jungen Menschen, die ihr wißt, daß Jesus Christus wegen euch gestorben ist, daß wir, ihr und ich, ihn getötet haben mit unseren Wegen, unserer Selbstverwirklichung, mit unserem unbeständigen Wollen und unseren unreinen Gedanken. Zu solchen Konfirmanden unter euch, die die Wahrheit sehen und erkennen, spricht jetzt Jesus Christus: »Fürchte dich nicht, denn ich habe dich erlöst; ich habe dich bei deinem Namen (bei deinem Wesen) gerufen; du bist mein!«

Viel wird heute geredet über die Welt der großen Hoffnungen, voller Zukunftsglanz. Viel wird dabei verdreht, manipuliert, zu einer Hollywood-Traumwelt gemacht. Tatsache aber ist, daß jeder von uns wissen muß: so schön diese Welt sein kann, nur wenige können sie so schön erleben, wie sie es sich gewünscht haben. Nein, jeder von uns hat ein Kreuz zu tragen. Ob wir vierzehn Jahre alt sind oder vierzig oder achtzig, wir wissen: wenn ich selbst Herr meines Lebens bin, dann muß ich verzagen, spätestens im Tod, öfters vorher, im Tod aber dann endgültig. Aber wenn wir die Stimme unseres Schöpfers und Erlösers hören, dann hören wir die Stimme der Wahrheit, einer Wahrheit, die unsern Herrn und Heiland, Jesus Christus, zum Kreuz geführt hat, die einzige wahre Stimme.

Jesus läßt uns aber nicht bei dieser Erkenntnis. Er liebt uns, denn er ist ein barmherziger Gott, und inmitten dieser harten Erkenntnis, wie es wirklich mit uns und mit der Welt steht, ruft er uns zu: »Fürchte dich nicht, denn ich habe dich erlöst; ich habe dich bei deinem Namen gerufen; du bist mein!« Er meint, was er sagt, und er tut, was er verspricht. Er ruft uns aus unserem verlorenen Selbst, aus unserer verlogenen Welt zu sich, zu der Liebe selbst, zu der Wahrheit. Er nimmt uns an wie den verlorenen Sohn mit offenen Armen und sagt: »Du bist mein.« Ich werde dich führen Tag um Tag, Jahr um Jahr auf dem schmalen Weg der wahren Nachfolge, geborgen in meinem Frieden, geführt von meiner Barmherzigkeit bis zu Gottes ewigem Reich. Wer aus der Wahrheit ist, der hört jetzt die Stimme seines Herrn und Heilandes, Jesus Christus.

Trost

Wach auf, wach auf, zieh Macht an, du Arm des Herrn! Wach auf, wie vor alters zu Anbeginn der Welt! Warst du es nicht, der Rahab zerhauen und den Drachen durchbohrt hat? Warst du es nicht, der das Meer austrocknete, die Wasser der großen Tiefe, der den Grund des Meeres zum Wege machte, daß die Erlösten hindurchgingen?

So werden die Erlösten des Herrn heimkehren und nach Zion kommen mit Jauchzen, und ewige Freude wird auf ihrem Haupte sein. Wonne und Freude werden sie ergreifen, aber Trauern und Seufzen wird von ihnen fliehen.

Ich bin euer Tröster! Wer bist du denn, daß du dich vor Menschen gefürchtet hast, die doch sterben, und vor Menschenkindern, die wie Gras vergehen, und hast des Herrn vergessen, der dich gemacht hat, der den Himmel ausgebreitet und die Erde gegründet hat, und hast dich ständig gefürchtet den ganzen Tag vor dem Grimm des Bedrängers, als er sich vornahm, dich zu verderben? Wo ist nun der Grimm des Bedrängers?

Der Gefangene wird eilend losgegeben, daß er nicht sterbe und begraben werde und daß er keinen Mangel an Brot habe.

Denn ich bin der Herr, dein Gott, der das Meer erregt, daß seine Wellen wüten – sein Name heißt Herr Zebaoth –; ich habe mein Wort in deinen Mund gelegt und habe dich unter dem Schatten meiner Hände geborgen, auf daß ich den Himmel von neuem ausbreite und die Erde gründe und zu Zion spreche: Du bist mein Volk.

Jesaja 51, 9–16

Öfters wird gesagt, eine Predigt solle uns trösten. Ich gehe in die Kirche, damit ich meine Sorgen auf den Herrn werfen kann, daß ich gewiß bin, er steht zu mir, er führt mich, er tröstet mich. Und sicherlich ist so eine Aussage zutiefst christlich. Wenn der Herr ein lebendiger Herr ist, dann ist er persönlich da für mich. Er kennt meine Not. Er allein kann mich aufheben, weiterführen und die ganze Last von mir nehmen.

Das ist alles gut und richtig, auch biblisch, aber dazu muß man folgendes hinzufügen: Ist es nicht so, daß *der Herr* mein Tröster ist, und das setzt voraus, daß er wirklich mein Herr ist. Unser Text zeigt uns deutlich, er ist der Mächtige, er ist der Befreiende. Und wenn er so ist, dann entscheidet er über das Wann und Wie des Tröstens. Der Herr als Tröster bedeutet aber nicht, er tue für mich, was ich haben will. Dann wäre ich nämlich selbst der Herr, der Bestimmende. Der Herr als Tröster bedeutet, er habe seinen Plan für mich und mit mir. Oft zwar steht dieser Plan entgegengesetzt zu dem, was ich gerade haben will, zu dem, wie ich getröstet werden will. Einfach gesagt, wir bekommen Trost im wahrsten Sinne, Trost, den der Allmächtige uns spendet, *wenn wir unseren Willen seinem Willen unterstellen*, ihn als den Allmächtigen annehmen, und wir bekommen Trost *in seinem Sinne*, nur wenn wir merken, daß wir in uns selbst, in unsere Welt verstrickt sind und daß er uns davon befreien will wie und wann *er* will. Und der Herr als Tröster bedeutet, daß er jeden Tag bei uns ist, aber wie und wann er sich selbst bezeugen wird, das wissen wir nicht, denn er ist der Herr und wir sind sein Volk.

Unser Text hebt zwei Beispiele hervor, wie der Herr, der Gott Israels, der Allmächtige ist. Hier wird über Gottes Macht, aber auch über die Urkräfte des Bösen gesprochen. Hier wird Gottes zentrales Wunder im Alten Testament betont, die Befreiung seines Volkes aus der Macht der Unterdrücker, der Ägypter, und seine mächtige Hand, welche das Rote Meer spaltete und Israels Feinde umbrachte. Dieser historische Blick soll unseren Blick für die Gegenwart vertiefen. Der Herr ist zugleich Herr über alle Mächte des Bösen, und seine rettende Hand führte sein Volk aus seiner Gefangenschaft.

Für mich bedeutet diese Aussage sehr einfach: Der Herr herrscht auch heute über alle Mächte des Bösen in dieser Welt, über Krieg, Krankheit, Pestilenz, über Leiden, Verzweiflung, Einsamkeit und Tod. Er hat nicht nur diese Macht an dem Volk Israel erwiesen, sondern durch Jesus Christus hat er sie für alle Zeiten bestätigt, und zwar für mich, für jeden reuigen Sünder persönlich. Aber, und das ist zentral in unserem Text, Trost erfahre ich nur durch meinen innersten Glauben an diese Wirklichkeit. Jesus hat nur geheilt, wenn solcher Glaube vorhanden war. Getröstet zu werden setzt nicht einen theoretischen Glauben voraus, sondern eine Kenntnis, welche bis in Mark und Bein geht, daß der Herr Jesus Christus wirklich der Herr ist, mein Herr, und daß er die Macht besitzt gegen alle Mächte des Bösen um und für mich.

Dazu aber muß ich wirklich verstehen, um was es geht. Es geht um seine Herrschaft und um seine Führung. Das bedeutet nicht: Herr, schau mich Armen an! Ich leide, ich bin in Not, hilf mir, wie ich das haben will. Haben nicht die Israeliten gerufen: „Zurück zu den Fleischtöpfen Ägyptens!" Der Herr half ihnen ganz anders, als sie es erwarteten. Sein Heil und seine Erlösung bedeuten gerade, daß *sein Heil, seine Erlösung* und nicht mein Wille geschehe.

In einer früheren Gemeinde habe ich erlebt, wie ein Mann 12 Jahre lang an Krebs gelitten hat. Der ganze Krankheitsprozeß hat ihn in jedem Sinne des Wortes zerfressen. Viele, und zwar die überwiegende Mehrzahl der Menschen würden sagen: So ein schrecklicher Tod! Warum muß er so lange, so tief leiden? Aber als ich nach seinem Tod mit seinem sehr frommen Sohn sprach, sagte dieser, der seinen Vater sehr liebte: „Herr Pfarrer, das war alles nötig, nur durch dieses schwere und lange Leiden ist mein Vater zu wahrem und tiefem Glauben gekommen. Der Herr hat ihn durch dieses Leiden innerlich zubereitet für sein Reich." Solch eine Geschichte zeigt uns in der Tiefe, wenn der Herr wirklich allmächtig ist, wenn er wirklich unser Befreier ist, daß diese Allmacht und diese Befreiung vielleicht ganz andere Formen annehmen wird, als wir es wünschen.

Nehmen wir in dieser Hinsicht das wichtigste aller Ereignisse in unserer Bibel, Jesu Kreuzigung. Sein Volk, in der Kenntnis von Gottes Allmacht über das Böse, im Wissen von seiner Macht als Befreier am Roten Meer, wartete darauf, daß er, der Gott Israels, seine Vollmacht gegen das Böse zeigen werde, indem er als der befreiende Herr Israel von den Römern, von dieser schrecklichen Unterdrückung, losmachen werde. Hatten nicht viele Propheten gerade das vorausgesagt? Doch Jesus zeigte seine Vollmacht, bestätigte die Vollmacht Gottes gegen das Böse und offenbarte sich als der wahre Befreier, aber ganz und gar anders als Israel das wollte oder erwartete. Er zeigt seine Macht über das Böse als solches, nicht nur gegen die bösen Römer, sondern über das Böse als solches in jedem von uns, auch in den Israeliten, über das Böse, welches eine metaphysische Kraft besitzt, das Böse, welches über uns herrscht, ein Böses wie die Urkräfte, welches immer um uns ist. Doch er hat alle Gläubigen aller Zeiten von diesen Mächten des Bösen befreit.

So kann es und so wird es auch öfters in unserem Leben gehen. Wir suchen Trost für unsere Einsamkeit, wir suchen Trost in unserer Krankheit oder für die Krankheit eines nahen Angehörigen, wir suchen Trost wegen unserer Arbeitslosigkeit, wir suchen Trost wegen des Bösen, welches wir in Worten, Gedanken und Taten bezeugt haben, wir suchen Trost in unserer Angst, in dieser Welt zu leben, aber der Trost, welchen wir suchen, wie wir es uns vorstellen, wird vielleicht nicht eintreten. Wer aber sein Leben unter die Macht des allmächtigen Herrn stellt, der wird von ihm befreit, vielleicht in einer ganz anderen Art und Weise, als er es erwartet. Vielleicht geht diese Befreiung sogar noch viel tiefer als das, was uns im Moment bedrängt. Vielleicht müssen wir zum Beispiel weiterhin leiden, damit wir für sein Reich vorbereitet sind, müssen unser Kreuz auf uns nehmen. Vielleicht bleiben wir äußerlich einsam, aber er selbst überdeckt diese Einsamkeit mit dem Schatten seiner bergenden Hand. Vielleicht finden wir zuerst keine Arbeit oder keinen Ehepartner, aber gerade durch diese Zeit vielleicht, wie viele Arbeitslose, gewinnen wir die Zeit, uns zu besinnen, was wirklich wichtig ist im Leben, nämlich uns seiner Macht, seiner Befreiung zu besinnen.

Der Mittelpunkt unseres Textes, wie der Mittelpunkt unserer ganzen Bibel ist nicht, daß der Herr tut, was wir wollen, was wir denken, was wir brauchen, sondern unser Text zeigt uns: Der Herr wird tun, was er als Allmächtiger weiß, daß es nötig ist, wann und wie er will. Glaube bedeutet, unser Leben ihm zu übergeben und auf ihn zu vertrauen, auf seine Wege, auf seine Führung, auf seinen Trost.

Unser Text ist ein Ruf, und zwar ein endzeitlicher Ruf zur Befreiung: „Wach auf, wach auf, zieh' Macht an, du Arm des Herrn..., auf daß ich den Himmel von neuem ausbreite und die Erde gründe und zu Zion spreche: Du bist mein Volk." Wer von uns sucht seinen Trost bei dem wiederkommenden Herrn? Wer von uns kann das Vaterunser beten und meint wirklich „Dein Reich komme"? Oder sind nicht viele unter uns, welche sagen: Weltuntergang, nein, ich will leben, und zwar will ich getrost jetzt in dieser Welt leben. Und wie viele von uns sagen: Nein, solche Macht wie sie hier ausgedrückt ist, wollen wir nicht, wir haben genug erlebt von Krieg und Gewalt. Aber der Herr kommt gewaltig, er kommt mit voller Macht, damit alles Böse dieser Welt, welche so tief in uns selbst zu spüren ist, zunichte gemacht werde. Bejahen wir so eine Antwort, den neuen Himmel und die neue Erde, die gewaltige Befreiung – auch von uns selbst, denn der Bedränger ist in uns?! Diese Frage müssen wir zuerst stellen, bevor wir überhaupt über Trost, über den Herrn als Tröster nachdenken können. Denn der lebendige Herr Jesus Christus spricht zu uns, persönlich zu jedem von uns, jetzt, in diesem Moment: „Ich bin euer Tröster! Wer bist du denn, daß du dich vor Menschen gefürchtet hast, die doch sterben, und vor Menschenkindern, die wie Gras vergehen, und hast den Herrn vergessen, der dich gemacht hat, der den Himmel ausgebreitet und die Erde gegründet hat, und hast dich ständig gefürchtet, den ganzen Tag vor dem Grimm des Bedrängers, als er sich vornahm, dich zu verderben?" – „Komm *Du*, unser Tröster, komm *Du*, Heiliger Geist!"

Behinderte – was sind sie wirklich?

So viel der Himmel höher ist als die Erde ist, so sind auch meine Wege höher, als eure Wege und meine Gedanken als eure Gedanken.

Jesaja 55, 9

Niemand weiß, warum Dieter so krank auf die Welt kam. Während der einundzwanzig Jahre seines Lebens hat er kein einziges Wort gesprochen. Und viele Jahre hindurch mußte er gehalten werden, um überhaupt sitzen zu können. Erst sehr, sehr spät lernte er gehen, blieb aber im üblichen Sinn auf dieser Welt immer hilflos, wehrlos. Und niemand weiß, warum der Herr nun, nach seinem einundzwanzigsten Lebensjahr entschieden hat, ihn wieder zu sich zu rufen.

Aber noch viel unverständlicher ist, wieso solch ein Kind wie Dieter in seinen Eltern diese tiefe Liebe wecken und warum ein derart „lebensunfähiges" Kind auch eine tiefe Liebe geben konnte. Wieso war dieses Kind, das nicht richtig denken konnte, das nicht richtig gehen konnte, das überhaupt nicht sprechen konnte, doch so erfüllt, so glücklich auf dieser Welt, von solch strahlendem Wesen? In einer Welt, in der doch viel eher die Angst und das Böse ans Licht drängen.

Jesus hat gesagt, daß die Kinder zu ihm kommen sollen, weil ihnen das Reich Gottes gehört. Er wollte wohl damit sagen, daß Kinder angemessen reagieren, daß sie von Natur aus noch mit der Nähe und Fürsorge ihres Herrn rechnen, daß sie noch über die Wunder der Schöpfung staunen, noch Liebe ausstrahlen können.

Dieter blieb, wie viele in seiner Lage, kindlich, so lange er lebte. Er blieb natürlich, spontan in seinen Äußerungen, von Freude geprägt. Damit war er nahe beim Herrn.

Warum ist es so, daß gerade das, was uns lebenstüchtig macht, uns oft in Gegensatz zu Gott und unseren Mitmenschen bringt: unser Wille, unsere Vernunft, unser „Ich will!"? Und gerade das ist das Geheimnis Christi, daß bei ihm diese Werte umgekehrt werden.

Unser Leidenskönig kam nicht mit Macht und Pracht auf

die Welt, sondern in Armut und Demut. Er herrscht auch nicht mit Gewalt, sondern durch Dienen. Er erwies seine Vollmacht nicht durch sichtbare Herrlichkeit, sondern durch Leiden, durch selbstlose Hingabe am Kreuz.

Dieter, und solche Kinder wie er stellen unsere Welt und unsere Werte in Frage. Sie machen deutlich: Ich kann mich nicht mit den Ellenbogen durchsetzen, ich kann mich nicht durch Kraft und Intelligenz oder Lebensklugheit durchsetzen; ich bin nur ich selbst, abhängig und schwach.

Dabei strahle ich aber, und was wenige von euch erfreut macht mich glücklich aus der Liebe Gottes.

Und nun frage ich euch: Nutzt ihr meine Hilflosigkeit aus, bringt ihr mich um, wie es in diesem Land vor vierzig Jahren so häufig passierte? Oder reagiert ihr auf meine Hilfslosigkeit mit einer tiefen Erkenntnis eurer eigenen Hilfslosigkeit, weil euer Wille, eure Lebensklugheit, eure Kraft die tiefsten Fragen dieser Welt nicht beantworten können: Weder die Frage nach der Schöpfung, noch nach der Liebe, noch nach dem Sinn von Leid und Tod.

Das Wesen eines solchen Kindes, seine Liebe, seine Freude kann das Leben seiner Angehörigen im tiefsten Sinne bereichern, so daß sie ein Stück mehr von Gottes Wegen und seinem Reich ahnen und erkennen.

In der Wahrheit –
aber auch in der Liebe

Das ist's aber, was ihr tun sollt: Rede einer mit dem andern Wahrheit und richtet recht, schafft Frieden in euren Toren.
Sacharja 8, 16
Lasset uns aber wahrhaftig sein in der Liebe und wachsen in allen Stücken zu dem hin, der das Haupt ist, Christus.
Epheser 4, 15

Als Christen sind wir in einer besonderen Lage im Hinblick auf die Wahrheit. Jesus Christus sagte von sich selbst: „Ich bin die Wahrheit", und wir reden die Wahrheit, wenn wir im Sinne Jesu reden. Als Christen haben wir keine Angst vor der Wahrheit – jedenfalls haben wir das nicht nötig –, weil wir wissen, daß unser Herr ein gekreuzigter Herr ist, der für unsere Sünde gestorben ist und nicht für gerechte Menschen. Damit sind wir aber auch verpflichtet, unsere Sünde, unsere Entfernung von Gott aufzudecken und auch für unsere noch unbekannten Sünden um Vergebung zu bitten. In der Wahrheit leben, mit dem anderen die Wahrheit reden bedeutet dann in erster Linie Jesu gemäß, wahrheitsgemäß zu reden, unserem Nächsten das zu sagen, was er im Sinne Jesu nötig hat zu hören, soweit wir das erkennen. Christen sollen nie untereinander die Wahrheit verschweigen. Je offener wir sind, desto besser kann die Atmosphäre zwischen uns sein.

Das heißt nicht, daß die Wahrheit um jeden Preis gesagt werden muß. Das gilt vor allem, wenn erkennbar wird, daß eine verletzende Wahrheit dem Gebot der Liebe gegenübersteht. In unserem zweiten Bibelwort Epheser 4, 15 steht: „Laßt uns wahrhaftig sein in der Liebe." Ich kenne eine Frau, die ständig sagt, was sie denkt und die damit ihren Nächsten regelmäßig verletzt. Diese Frau behauptet aber, daß es ihr um Wahrheit geht. Sie kann einfach nicht schweigen. Bei einem solchen angeblichen Wahrheitsbedürfnis hält man eine Sache für wichtiger als die Menschen, die es betrifft. Da glaubt man, alles sagen zu dürfen, so lange es wahr ist, einerlei ob Menschen dabei verletzt werden oder nicht. Unser Ephesertext zeigt aber, daß die Liebe ein Maßstab für die Wahrheit ist. Wer um der Wahrheit willen bedenkenlos verletzt, zeigt wenig Mitgefühl für andere und damit wenig Liebe. Darum sollen wir zwar mit unserem Nächsten offen umgehen, aber wir sollen uns dabei von der Liebe leiten lassen, damit wir die Wahrheit zum richtigen Zeitpunkt und auf die richtige Weise sagen können, daß sie zum Ausdruck unserer Liebe wird. Damit ist nicht gemeint, daß wir diplomatisch vorgehen sollen. Diplomaten reden weder um der Wahrheit noch um der Liebe willen, sondern sie reden, um ihre Ziele zu erreichen. Diplomatie ist oft versteckter Egoismus. Hier geht es darum, daß unser Wahrheitsempfinden selbst von der Liebe geleitet werden muß: „Ich sage dir etwas für dich Wichtiges, nicht weil ich dich verletzen will oder weil ich ehrlich sein will, sondern weil ich weiß, daß es für dich von Bedeutung ist, die Wahrheit zu wissen." Wer die Wahrheit sucht um der Liebe willen, wird auch einen Weg finden, daß diese Wahrheit klar zum Ausdruck gebracht werden kann, ohne daß sie verletzt. In der Wahrheit bleiben bedeutet, nahe bei Jesus sein, in der Liebe bleiben bedeutet auch, nahe bei Jesus sein. Liebe und Wahrheit gehören so eng zusammen, weil sie beide ihren Ursprung und ihre stärkste Auswirkung in und durch Jesus haben.

Die Versuchung Jesu

Da wurde Jesus vom Geist in die Wüste geführt, damit er von dem Teufel versucht würde. Und da er vierzig Tage und vierzig Nächte gefastet hatte, hungerte ihn. Und der Versucher trat zu ihm und sprach: Bist du Gottes Sohn, so sprich, daß diese Steine Brot werden. Er aber antwortete und sprach: Es steht geschrieben (5. Mose 8,3): »Der Mensch lebt nicht vom Brot allein, sondern von einem jeden Wort, das aus dem Mund Gottes geht.« Da führte ihn der Teufel mit sich in die heilige Stadt und stellte ihn auf die Zinne des Tempels und sprach zu ihm: Bist du Gottes Sohn, so wirf dich hinab; denn es steht geschrieben (Psalm 91,11.12): »Er wird seinen Engeln deinetwegen Befehl geben; und sie werden dich auf den Händen tragen, damit du deinen Fuß nicht an einen Stein stößt.« Da sprach Jesus zu ihm: Wiederum steht auch geschrieben (5. Mose 6,16): »Du sollst den Herrn, deinen Gott, nicht versuchen.« Darauf führte ihn der Teufel mit sich auf einen sehr hohen Berg und zeigte ihm alle Reiche der Welt und ihre Herrlichkeit und sprach zu ihm: Das alles will ich dir geben, wenn du niederfällst und mich anbetest. Da sprach Jesus zu ihm: Weg mit dir, Satan! denn es steht geschrieben (5. Mose 6,13): »Du sollst anbeten den Herrn, deinen Gott, und ihm allein dienen.« Da verließ ihn der Teufel. Und siehe, da traten Engel zu ihm und dienten ihm.

Matthäus 4, 1-11

Diese drei Versuchungen, so verschieden sie scheinen, tragen viele gemeinsame Züge, und gerade diese machen den Abschnitt zu einer wahren und tiefen Einheit.

Gemeinsam sind

1. die Person des Versuchers, der Satan
2. eine Zielsetzung, Jesus auf die Probe zu stellen und ihn damit für sich zu gewinnen — gegen seinen Vater
3. alle Versuchungen, so unterschiedlich sie uns zuerst vorkommen, haben eine gleiche Wurzel: Selbstverherrlichung! — So die Versuchung der Weltverbesserer (Steine in Brot zu verwandeln), die

Versuchung, Gottes Macht herauszufordern (sich von der Zinne des Tempels hinabzustürzen), oder die Versuchung des Reichtums und der Macht. Die Weltverbesserer helfen anderen nicht nur wegen ihres Gewissens, sondern weil sie selbst bewundert werden wollen. Jene, welche behaupten, daß sie so unbeirrt an Gott glauben, daß sie ganz und gar gewiß sind, daß er auch durch Wunder zu ihnen stehen wird, sind im Herzen mehr überzeugt von ihrer eigenen Frömmigkeit, ihrem eigenen Glauben, als von ihrem Herrn selbst. Und die Versuchung des Reichtums und der Macht offenbart, was hinter allen diesen Versuchungen steht, nämlich Egoismus und Selbstüberhebung. Aber hier ist die Verschleierung weg.

4. Satan benutzt immer wieder Gottes eigenes Wort, um Jesus zu versuchen. Aber Jesus antwortet ihm immer aus der Thora, welche für die Juden höher steht als alle anderen alttestamentlichen Texte. Damit zeigt Satan seine wahre Natur: Jemand, der als Engel Gottes dem Himmelsstaat angehört und ein »Insider« aber auch ein Glaubensfremder ist. Die wahre Gefahr für unsere Kirche kommt nach dieser Schilderung aus der Kirche selbst. Kein Zufall ist es, daß Judas Ischariot, der Jesus verriet, Jesu Jünger war. Diese Benutzung von Gottes Wort zeigt zugleich, daß der Satan als Mittel seiner Verführung Gott nachahmen kann und will. Der Herr schuf die Welt durch sein Wort, aber Satan benutzt das verfälschte Wort, um zu zerstören was der Herr erschuf. Kam nicht der Sündenfall auch durch das Wort, das Satan verdreht hatte?

5. Wir wollen nicht vergessen, daß Satan Jesus als den möglichen »Sohn Gottes« anspricht, zumindest in den ersten zwei Versuchungen. Am Schluß verlangt er dann von Jesus, daß er ihn, den Satan, anbete. Damit wird gezeigt, daß es bei den Versuchungen um das Thema Erbschaft, Erbe geht. Gottes Sohn dient dem Vater, doch Satan will ihn als seinen Erben gewinnen. Achten wir darauf, daß Jesus bei seiner Kreuzigung auch vom Erbe redet: vom menschlichen Erbe an Maria und Johannes, und zugleich davon, daß er der göttliche Erbe Gott-Vaters ist: »Ich befehle meinen Geist in deine Hände.«

6. Und zuletzt offenbaren die Orte dieser Versuchungen ihren wahren Gehalt: Wüste ist, wie die Propheten uns sagen, zugleich der

Ort der besonderen Nähe des Gottes Israels zu seinem Volk, wo es ganz und gar von Gott abhängig war. Aber zugleich ist diese Gegend der Ort der Versuchungen, wo die Israeliten murrten und sich von Gott lossagen wollten. Der Tempel ist der Ort von Gottes Nähe, wo sein Name wohnt, aber auch der Ort, welcher zweimal zerstört werden mußte wegen Israels Untreue. Die ganze weite Welt, der Ort der dritten Versuchung, ist, was der Herr, der Gott Israels, für uns erschuf, sie ist aber zugleich der Ort, wohin Satan abgefallen ist, um uns zu versuchen. Diese drei Orte, Wüste, Tempel und Welt zeigen, wie allumfassend die Versuchungen sind und worum sie sich drehen: Entweder Nähe zum Herrn — oder Abfall von ihm; entweder Gottes-Dienst — oder Satans-Dienst.

Und der Versucher trat zu ihm und sprach: Bist du Gottes Sohn, so sprich, daß diese Steine Brot werden. Und er antwortete und sprach: Es steht geschrieben (5. Mose 8,3): »Der Mensch lebt nicht vom Brot allein, sondern von einem jeglichen Wort, das durch den Mund Gottes geht.«

Wer das Land Israel gut kennt, weiß, wie viele Steine es da gibt. Zu Jesu Zeit war der Prozeß der Entlaubung schon im Gang. Das Bild »Steine« bedeutet tot, leblos. Bis heute legen die gesetzestreuen Juden Steine auf die Gräber von Verstorbenen als Zeichen der Erinnerung an den leblosen Toten. Was der Satan hier meint, ist: wenn Jesus dem Vater gleich ist, wirkt auch in ihm die Kraft, Leben zu geben aus dem Leblosen, die Kraft des Schöpfergottes. Jesus kommt dieser Aufforderung später nach, aber in seiner Art und Weise: In der Speisung der 4000 und der 5000, in den Auferweckungen des Jünglings zu Nain, des Jairus Tochter, des Lazarus und in seiner eigenen Auferstehung von den Toten. Satan aber will das Zeichen haben auf sein Wort hin. Er will wie Jesu Gegner, die Pharisäer, daß die Zeichen erfüllt werden, wann und auch wie er das haben will.

Doch Jesus antwortet: »Der Mensch lebt nicht vom Brot allein, sondern von einem jeglichen Wort, das durch den Mund Gottes geht.« Diese Antwort enthüllt Satans »Humanität«. — So wollte Judas auch, daß Jesus nicht eingesalbt werde, sondern daß der Wert des kostbaren Öls den Armen zukommen sollte. So klingt heute das soziale Evangelium auch: Wir sind vor allem da, um gute Werke für die Armen und Hungernden zu tun. Aber Jesu Antwort ist klar und unbestechlich damals wie heute: Wir brauchen Gottes Wort, welches Leib, Geist und Seele erschuf, um zu leben. Er meint damit, daß das Brot nur als Nahrung für unseren Leib dient, aber nicht für unsere ganze Person. »Was hülfe es dem Menschen, wenn er die ganze Welt gewönne und nähme doch Schaden an seiner Seele?«

Heutzutage sehen wir in unserer Wohlstandsgesellschaft, wie tief Jesu Antwort geht. Wir haben den äußeren Wohlstand, aber innerlich sind wir hohl, leer geworden. Brot haben wir mehr als genug, aber von Gottes Wort leben wenige Menschen. Deswegen sind so viele unter uns unglücklich, im tiefsten Sinn unerfüllt. Selbstmord, Drogen und Alkoholmißbrauch — nicht unter Hungernden — sind nur ein paar von diesen Symptomen.

Bei der zweiten Versuchung, als Jesus vom Tempel in die Tiefe springen soll, um Gottes Macht herauszufordern, denke ich ebenso an Judas Ischariot. Auch er wollte, Jesus solle seinen Willen erfüllen und die Israeliten mit Gewalt von den Römern befreien. Sektierer mit ihren Heilungen machen das auch. Sie nennen die Krankheit satanisch und verlangen Gehorsam gegen Gott, dann würden die Kranken gesund werden. Was sie aber haben wollen, ist Gehorsam gegenüber ihrer eigenen Person und Irrlehre. Krankheit tragen wir am besten mit unserem gekreuzigten Herrn, denn der gibt uns die Kraft, mit ihm zu leiden und dadurch mit ihm zu leben. In Jesu Antwort: »Du sollst Gott, deinen Herrn, nicht versuchen«, erweist er sich als Gottes Sohn, indem er wie in der ersten Versuchung sich ganz und gar unter des Vaters Willen stellt. In der dritten Versuchung zeigt Jesus, daß er der wahre Erbe ist über das ganze Himmelreich, nicht nur über eine vergängliche Welt. Die Welt mit ihrem ganzen Glanz und Reichtum wird vergehen, nicht aber Gottes Wort.

Sohnschaft bedeutet und verlangt Gehorsam wie bei den Gottesknechten Noah, Abraham, David, Hiob. Vollendeten Gehorsam finden wir beim Sohn Jesus Christus, der nicht zu trennen ist vom Vater, und damit wahrer Gott und wahrer Mensch zugleich ist. Überwunden wird die Todesangst bei der Versuchung im Garten Gethsemane: »Laß diesen Kelch an mir vorübergehen«, und der Versuchung am Kreuz: »Mein Gott, mein Gott, warum hast du mich verlassen?« Das alles kommt uns zugute, denn er hat »alles vollbracht«. Gerade da, wo wir nicht weitergehen können, ist er weitergekommen: Er lebte aus Gottes Wort, nicht um satt zu werden oder als Weltverbesserer; er vertraute auf Gottes Wege und seinen Willen, er lebte als Gottes Erbe für uns im völligen Gehorsam, nicht unter der Lust des Fleisches, die hat er für uns überwunden samt Sünde, Teufel und Tod. Kann Jesus unser Vorbild sein? Diese Frage ist letzten Endes unbiblisch, denn Jesus ist auch Gott, und seine Menschlichkeit bedeutet absoluten Gehorsam, anders als unsere Menschlichkeit. Kann ich Vorbild für meinen Dackel sein? Noch weniger kann Jesus mein Vorbild sein. Was bedeutet diese Versuchungsgeschichte dann für mich persönlich?

Jeder von uns sollte sich dessen bewußt werden, daß, wo Jesus den Versuchungen widerstand, wir Tag für Tag fallen. Es kommt zuerst darauf an, daß Jesus diesen unseren Versuchungen widerstanden hat, für dich und für mich. Er ist unser Siegesheld, aber er kann nicht unser Vorbild sein. Nachdem er für uns gesiegt hat, sollen wir ihn ehren, verehren, denn er allein ist dessen würdig. Wenn wir das tun, sollen wir uns aus Liebe und Dankbarkeit seine Antworten zu Herzen nehmen so gut wir können, aus seiner Kraft sollen sie auch unsere Antworten im Leben sein. Und wenn der Satan uns überlistet hat, dann sollen Jesu Antworten uns zu echter Buße rufen, zu unserm Heil aus seiner Vergebung und Überwindung.

Jesus sagt: »Der Mensch lebt nicht vom Brot allein, sondern von einem jeglichen Wort, das durch den Mund Gottes geht.« Wir sollen und wollen lernen, Tag um Tag uns von seinem Wort zu nähren. Das Wort Gottes ist in Jesus Christus Fleisch geworden. Jesu Wort warnt uns zugleich vor unserem Materialismus und unserem »sozialen Evangelium«. Brot sättigt nur unseren Bauch, zuviel davon läßt unseren Geist und unsere Seele verkümmern.

Jesus sagt: »Du sollst Gott, deinen Herrn, nicht versuchen!« Das bedeutet aber auch: »Dein Wille geschehe«. Dies Wort wird zweimal (und damit gesteigert) von Jesus überliefert: beim Vaterunser und im Garten Gethsemane. Dieses »Dein Wille geschehe« sollte zu unserer täglichen Speise werden. Zuerst sollen wir den Herrn bitten um das, was uns selbst wichtig ist. Dann anworten wir auf unsere Bitte, indem wir seine Herrschaft über uns anerkennen: »Aber Herr (der du viel besser weißt, was wirklich gut für mich ist), dein Wille geschehe.« Das kann sehr schwierig für uns sein, insbesondere während Krankheit und Not, aber beide können unserem Glauben dienen zur Züchtigung und Annäherung an unseren gekreuzigten Herrn.

Jesu weitere Aussage ist: »Du sollst anbeten Gott, deinen Herrn (nicht Satan, und auch nicht deine Lüste), und ihm allein dienen.« Das versuchen wir täglich aus seiner Gnade und Kraft. Aber nur Jesus Christus allein konnte dem Herrn immer dienen. Wenn wir uns selbst dienen, müssen wir auf seinen Bußruf hören, den Ruf, ihn allein anzubeten und wirklich in seinem Dienst zu bleiben.

Herr Jesus, das alles hast du vollbracht. Du kennst unsere Schwäche, unseren Kleinglauben, unseren Egoismus. Aber gib uns die Kraft, dir ganz und gar zu vertrauen, und wenn wir diesen Versuchungen nicht standgehalten haben, komm du uns bitte eilends zu Hilfe, denn dich, unseren wahren Herrn und Heiland, wollen wir anbeten, und dir wollen wir dienen.

Alter Bund und Neuer Bund –
aber ein Herr!

Und nach sechs Tagen nahm Jesus zu sich Petrus und Jakobus und Johannes, seinen Bruder, und ging mit ihnen allein auf einen hohen Berg.

Und er ward verklärt vor ihnen, und sein Angesicht leuchtete wie die Sonne, und seine Kleider wurden weiß wie das Licht.

Und siehe, da erschienen ihnen Mose und Elia; die redeten mit ihm.

Petrus aber hob an und sprach zu Jesus: Herr, hier ist für uns gut sein! Willst du, so wollen wir hier drei Hütten machen, dir eine, Mose und Elia eine.

Da er noch redete, siehe, da überschattete sie eine lichte Wolke. Und siehe, eine Stimme aus der Wolke sprach: Dies ist mein lieber Sohn, an welchem ich Wohlgefallen habe; den sollt ihr hören!

Da das die Jünger hörten, fielen sie auf ihr Angesicht und erschraken sehr.

Jesus aber trat zu ihnen, rührte sie an und sprach: Stehet auf und fürchtet euch nicht!

Da sie aber ihre Augen aufhoben, sahen sie niemand als Jesus allein.

Und da sie vom Berge herabgingen, gebot ihnen Jesus und sprach: Ihr sollt dies Gesicht niemand sagen, bis des Menschen Sohn von den Toten auferstanden ist.

Matthäus 17, 1–9

Für die Ostkirche ist die Verklärung Jesu besonders wichtig und wird deshalb durch einen hohen Festtag gefeiert. Über die Verklärung wird direkt nach Jesu erster Leidensankündigung berichtet, solch eine zentrale Rolle spielt sie in der Geschichte Jesu. Was ist es, das sich hier auf diesem Berge ereignet hat und was bedeutet das alles heute für uns?

„Nach sechs Tagen nahm Jesus Petrus und Jakobus und

dessen Bruder Johannes mit sich und führte sie allein auf einen hohen Berg." „Nach sechs Tagen" heißt, daß der siebente Tag angebrochen war, und der siebente Tag bedeutet Gottes Tag, den Tag, an dem er ausruhte von seiner Schöpfung, weil er am Ziel war. Schalom, Friede, Ruhe – weil er am Ziel war mit seinem großen Werke.

Auch Jesus hat hier ein Ziel erreicht. Das „Schalom" liegt über ihm und denen, die ihm am nächsten waren. Petrus, als erster Jünger und als der, der meist im Vordergrund gestanden hat bisher, ist auch dabei. Petrus, der Mann, auf den die zukünftige Kirche gebaut werden sollte. Und Johannes, der Lieblingsjünger, der einzige Jünger, welcher bei ihm am Kreuze war, ist auch da. Johannes, der die Liebe Jesu in sich am tiefsten widerspiegelte. Auch Jakobus ist dabei, um die Zahl drei voll zu machen, um den Weg zum neuen trinitarischen Glauben anzudeuten.

Sie steigen miteinander auf einen hohen Berg, stehen da gleichsam zwischen Himmel und Erde. Und hier auf dem Berge offenbart sich der Herr. Schon öfters war das so. Denken wir nur an den Berg Sinai, wo das Gesetz übergeben wurde, und welche Rolle der Ölberg in der Zukunft spielen soll. Hier findet jetzt ein großes, zeichenhaftes Ereignis statt.

„Da wurde er vor ihnen verklärt, und sein Angesicht leuchtete wie die Sonne, und seine Kleider wurden weiß wie das Licht." Denken wir zurück und denken wir in die Zukunft. Zurück zu Mose, dessen Gesicht leuchtete, als er vom Berg Sinai zurückkam, daß eine Binde über seine Augen gelegt werden mußte, damit das Volk nicht erblindete. Und wir denken vorwärts an Jesu auferstandenen Leib, seinen verklärten Leib. Hier ist sein Körper von Erlösungskräften durchdrungen, von Gottes Kräften. „Sein Gesicht leuchtete wie die Sonne" heißt es. „Das Gesicht Gottes ist Licht und erleuchtet die Welt" (in hebräisch: das Kabod). „Und seine Kleider wurden weiß wie das Licht." Wir denken sofort an die weißen Kleider der Erlösten in der Offenbarung. Auch an das Kleid Josephs können wir hier denken, das Zeichen der Erwählung, und an das Prophetenkleid, das Zeichen des Amtes war, das anzeigte: hier gehört ein Mensch dem Herrn. Auf Golgatha spielte das Kleid ebenfalls eine Rolle, als unter den Heiden das Los darum geworfen wurde. Seine Erwählung wurde von da ab auch den Heiden angeboten.

„Und siehe, da erschienen ihnen Mose und Elia; die redeten mit ihm." Diese beiden sind die größten Vertreter des Alten Bundes. Mose gilt bis heute unter den Juden als der bedeutendste Mann ihrer Geschichte, als der wahre Vertreter seines Volkes, der von Angesicht zu Angesicht mit dem Herrn redete, der seinem Gott ganz nahe war. Mose war auch der erste, der größte und der bedeutendste aller Propheten. Als solcher war er das Werkzeug Gottes. Als solcher vertrat er aber auch sein Volk dem Herrn gegenüber. Als Mose mit den zehn Geboten vom Berg herunterkam und sah, daß sein Volk um das goldene Kalb tanzte, hatte Gott da nicht gesagt: „Ich werde dieses Volk ausrotten." Aber Mose trat in den Riß zwischen Gott und dem Volk Israel und sagte: „Nein, lieber bringe mich um." Hier spricht er nicht nur für den Herrn, sondern auch für sein Volk. Mose empfing die zehn Gebote vom Herrn, das ganze Gesetz, er empfing das Recht Gottes. Und die Vorstellung vom Herrn als einem gerechten Gott ist ein Grundgedanke des ganzen Alten Testamentes und des Judentums, bis heute. Und Mose war schließlich der, welcher unter Gottes Führung sein Volk 40 Jahre lang durch die Wüste geleitete, bis an die Grenze des Heiligen Landes. Diese Zeit war Heilszeit im eigentlichen Sinn, weil das Volk nur den Herrn als Führer hatte. Alle Israeliten waren seine Knechte.

So soll es auch im zukünftigen Reich Gottes zugehen. Die jüdische Geschichte hat bewiesen, daß dieses Volk nur einen wahren Beschützer hat, nämlich den Herrn. Ohne ihn ist es der Welt ausgeliefert. Es leidet wie sein Herr, nicht nur für sich, sondern für die ganze Welt, für ihre Erlösung, für die Zeit der endgültigen Verklärung der alten Schöpfung.

Elia war der vom Wort her mächtigste Prophet. (Mose war ein schwerfälliger Redner und mußte durch seinen Bruder Aaron sprechen.) Und Elia war gleichzeitig der große Held, der gegen Hunderte von Baals-Priestern kämpfte und sie besiegte. Was in unserem Zusammenhang aber noch viel wichtiger ist — Elia starb keines natürlichen Todes, er wurde zu dem Herrn entrückt, und die Bibel sagt an einer Stelle deutlich, daß er zurückkommen werde auf die Erde, wenn der

Messias kommt. Er soll eine Stimme in der Wüste sein, die dem Messias den Weg bahnt. Dieser zurückgekommene Elia ist Johannes der Täufer, der den Weg Jesu voraussagte. Zum Passahfest eines jeden Jahres, dem Fest, das zur Erinnerung an die Befreiung aus Ägypten gefeiert wird, stellt man ein Glas Wein außerhalb der Tür auf. Dieser Bereich gehört den Toten, hier waltet der Todesengel. Und der Wein ist für diesen Elia bestimmt, daß er bald komme, um das messianische Reich anzukündigen und die endliche Befreiung des leidenden Gottesvolkes in Gang zu setzen.

Diese Begegnung zwischen den bedeutendsten Vertretern des Alten und des Neuen Bundes zusammen mit Jesus gewinnt ihre tiefste Bedeutung als Zeichen der Zukunft und des Reiches Gottes. Hier begegnen sich Jude und Christ (auch wenn der Neue Bund hier nur von Juden dargestellt wird, von Petrus, Johannes und Jakobus), aber hier sind in ihrem Kern die zwölf mal zwölf, die 144 000 aus den zwölf Stämmen Israels und, durch die wiederhergestellten zwölf Stämme, die zwölf Apostel vertreten.

Im Neuen Bund ist diese Schau geändert und zum Teil verworfen worden. Man hat gesagt, daß die Geschichte vom Verklärungsberg zeigt, daß die Christen die wahren Nachfolger von Mose und Elia sind, daß die Christen das neue wahre Israel sind, und daß die Juden jetzt grundsätzlich und ein für allemal verworfen sind, daß sie als Juden das Heil Gottes nicht mehr erlangen können.

Und mit diesem christlichen Bewußtsein haben wir dann im Namen Jesu sein Volk Jahrhunderte und Jahrtausende hindurch verfolgt, gehaßt, unterdrückt, bis hin zu den Gaskammern von Auschwitz und Treblinka, von Solibor und Maidanek. Und damit haben wir uns über die Juden überhoben.

Aber Paulus sagt uns in Römer 11, daß wir selbst Gottes Heil verlieren, wenn wir uns über die Juden erheben. Paulus legte damit teilweise das Grundgeheimnis der jüdischen Erwählung aus, den vierfachen Segen Abrahams, in dem es heißt: „Ich will segnen, die dich segnen, und verfluchen, die dich verfluchen." Die Juden bleiben Gottes Volk, obwohl sie Jesus nicht annehmen. Paulus sagt im Neuen Testament, daß der Herr sein Volk in der Blindheit gelassen hat, daß er sie teilweise deshalb verstockt hat, damit das Heil auch zu den Heiden käme.

Alle Beteiligten auf dem Berg der Verklärung waren Juden, Juden im rassischen Sinn, Juden von ihrer Geschichte her, Juden im Sinne des leidenden Gottesvolkes. Mose und Elia, Jesus von Nazareth, Petrus, Johannes und Jakobus — sie alle wären im Dritten Reich als Untermenschen der Tortur ausgesetzt, gefoltert und dann vergast und verbrannt worden. So haben wir Christen dieses Bild verzerrt, wir haben unsere eigene Verklärung, unsere eigene Erlösung verneint, weil wir dieses Volk nicht als Bruder anerkennen wollten, und damit haben wir uns selbst das Gericht zugezogen. Das muß einmal in aller Deutlichkeit gesagt werden. Die Juden haben immer wieder das Gericht Gottes auf sich gezogen, für viel, viel leichtere Vergehen. Das können wir in den prophetischen Büchern oft zur Genüge nachlesen. Indem wir unsere Bruderschaft mit dem Volk Gottes ablehnen, lehnen wir auch seinen Herrn ab.

Über Jesu Kreuz stand „Jesus von Nazareth, der Juden König", und das bedeutet nicht, er *war* der Juden König, sondern er ist der Juden König, und er wird es immer bleiben. Er hat sich für sein Volk verbürgt, er führt es durch das dunkelste aller Täler bis in sein Reich. Für die Rückkehr aus dem babylonischen Exil sagt der Prophet Jesaja: „Tröstet, tröstet mein Volk, spricht euer Gott. Redet mit Jerusalem freundlich und prediget ihr, daß ihre Knechtschaft ein Ende hat, daß ihre Schuld vergeben ist; denn sie hat doppelte Strafe empfangen von der Hand des Herrn für alle ihre Sünden."

Nach 2000 Jahren der Unterdrückung des Volkes Gottes durch die Christenheit, nachdem seine Würde zertreten war, als sein und unser Gott aufs neue verhöhnt worden war, ist dieses Volk durch den glühenden Ofen gegangen. Aber es wurde ein Weg zur Erlösung, ein Weg der Rückkehr ins Heilige Land. Der Staat Israel ist genau drei Jahre nach der Zerstörung der letzten Gaskammer gegründet worden.

Und wir sollten uns jetzt fragen — nicht, ob dies Volk Gottes Volk ist, das sein Kreuz geteilt hat, das seinen Herrn als einziges Gut hat, das durch den Neuen Bund gekreuzigt wurde, sondern, wenn wir das Gesagte verstanden haben, sollten wir uns selbst fragen — sind *wir* immer noch Gottes Volk, gehören wir ihm, gehören wir Jesus von Nazareth, dem König der Juden, oder ist unser Bekenntnis zu ihm nur ein Lippenbekenntnis?

Das Bild der Verklärung soll unsere Identität, unsere Zugehörigkeit ein für allemal feststellen. Wenn wir Jesus von Nazareth gehören, gehören wir ihm zusammen mit den Menschen des Alten Bundes. Und wir sind in diesem Bild nur durch Juden vertreten. Wenn wir unsere Bruderschaft mit diesem Volk weiterhin verneinen, verneinen wir unsere Zugehörigkeit zu Jesus Christus, zu dem König der Juden.

Aber das Gericht, selbst die Verfluchung seines Volkes war bei dem Herrn nie endgültig. Er will auch zu uns, zu den Menschen des Neuen Bundes, stehen. Er will unser König, unser Messias, unser Herr sein, aber er will, daß wir, wie Petrus, empfinden: „Herr, es ist gut, daß wir hier sind", wir gehören mit den Vertretern des Alten Bundes zusammen. Er will, daß wir uns als Brüder mit dem Volk des Alten Bundes versöhnen und gemeinsam unter seinem Kreuz leben: Die Juden mit ihrem unsichtbaren, namenlosen Herrn, der im Dunkel bei ihnen wohnen will, und wir mit dem offenbarten Jesus, dessen Ziel und Bedeutung wir oft genug verleugnet haben.

Wir können den Weg nur zurückgehen — damit wir eine Zukunft haben —, zurück zum Kreuz, zurück zu dieser Bruderschaft auf dem Berg der Verklärung, zurück durch Buße, durch Erkenntnis und durch eine neue Bindung ans Kreuz, an Jesus von Nazareth, den König der Juden. Unser Herr ist gütig und barmherzig und vergibt allen Sündern, die wissen, daß sie Sünder sind, die um Vergebung bitten, und die versuchen, durch seine Kraft ihr Leben zu ändern. Die Verklärung Jesu ist das Bild seines zukünftigen Reiches: Juden und Christen, Alter und Neuer Bund vereint in ihrem Herrn, erlöst von dem schrecklichen Dunkel und Haß dieser Welt.

„Herr Jesus Christus, vergib uns, vergib diesem Volk um deines Kreuzes Willen, um dieser Versöhnung willen."

Unser Versagen — sein Sieg

Die aber Jesus ergriffen hatten, führten ihn zu dem Hohenpriester Kaiphas, wo die Schriftgelehrten und Ältesten sich versammelt hatten. Petrus aber folgte ihm von ferne bis zum Palast des Hohenpriesters und ging hinein und setzte sich zu den Knechten, um zu sehen, worauf es hinaus wollte. Die Hohenpriester aber und der ganze Hohe Rat suchten falsches Zeugnis gegen Jesus, daß sie ihn töteten. Und obwohl viele falsche Zeugen herzutraten, fanden sie doch nichts. Zuletzt traten zwei herzu und sprachen: Er hat gesagt: Ich kann den Tempel Gottes abbrechen und in drei Tagen aufbauen. Und der Hohepriester stand auf und sprach zu ihm: Antwortest du nichts auf das, was diese gegen dich bezeugen? Aber Jesus schwieg still. Und der Hohepriester sprach zu ihm: Ich beschwöre dich bei dem lebendigen Gott, daß du uns sagst, ob du der Christus bist, der Sohn Gottes. Jesus sprach zu ihm: Du sagst es. Doch sage ich euch: Von nun an werdet ihr sehen den Menschensohn sitzen zur Rechten der Kraft und kommen auf den Wolken des Himmels. Da zerriß der Hohepriester seine Kleider und sprach: Er hat Gott gelästert! Was bedürfen wir weiterer Zeugen? Siehe, jetzt habt ihr die Gotteslästerung gehört. Was ist euer Urteil? Sie antworteten und sprachen: Er ist des Todes schuldig. Da spien sie ihm ins Angesicht und schlugen ihn mit Fäusten. Einige aber schlugen ihm ins Angesicht und sprachen: Weissage uns, Christus, wer ist's, der dich schlug? Petrus aber saß draußen im Hof; da trat eine Magd zu ihm und sprach: Und du warst auch mit dem Jesus aus Galiläa. Er leugnete aber vor ihnen allen und sprach: Ich weiß nicht, was du sagst. Als er aber hinausging in die Torhalle, sah ihn eine andere und sprach zu denen, die da waren: Dieser war auch mit dem Jesus von Nazareth. Und er leugnete abermals und schwor dazu: Ich kenne den Menschen nicht. Und nach einer kleinen Weile traten hinzu, die da standen, und sprachen zu Petrus: Wahrhaftig, du bist auch einer von denen, denn deine Sprache verrät dich. Da fing er an, sich zu verfluchen und zu schwören: Ich kenne den Menschen nicht. Und alsbald krähte

der Hahn. Da dachte Petrus an das Wort, das Jesus zu ihm ge-
sagt hatte: »Ehe der Hahn kräht wirst du mich dreimal verleug-
nen.« Und er ging hinaus und weinte bitterlich.

Matthäus 26,57-75

Seltsam in diesem Text ist zunächst die Sache mit den falschen Zeugen. Die Stellvertreter des Volkes Israel sind gewillt, jedes Mittel anzuwenden, welches zum Todesurteil für Jesus als Gotteslästerer ausreichen wird. Aber der Lügengeist in diesen falschen Zeugen kann nichts gegen ihn ausrichten. Erst als etwas Richtiges zum Vorwurf gemacht wird — »Er hat gesagt: Ich kann den Tempel Gottes abbrechen und in drei Tagen wieder aufbauen«, schweigt Jesus. Die Wahrheit selbst verurteilt ihn zum Tode. Jesus hat ja tatsächlich gesagt, daß »dieser Tempel« abgebrochen, und daß er ihn in drei Tagen wieder aufbauen werde. Er meinte damit, daß sein gekreuzigter und auferstandener Leib der dritte messianische Tempel sei, und danach kam sein Selbstzeugnis als der Menschensohn.

Wenn Jesus zum Tod verurteilt worden wäre durch Lügen, könnten wir mit Recht sagen: Ja, die bösen Schriftgelehrten und Priester, sie sind allein schuldig an dem Tod Jesu wegen ihrer Eifersucht, wegen ihrer Unkenntnis seines Wesens und Tuns. Dann könnten wir immer als Christen sagen: Ja, Unwahrhaftigkeit ist die Ursache für Jesu Tod und auch für die Verfolgung gegen die Juden. Aber selbst wenn solche Aussagen an sich ein gewisses Recht haben, geht das Problem viel, viel tiefer. Die Wahrheit selbst hat Jesus Christus zum Tod verurteilt, nicht die Aussage falscher Zeugen.

Die Wahrheit, menschlich verstanden und religiös ausgelegt, Jesu eigene Worte, verurteilen ihn zum Tod. Hat nicht David, der Vorfahre Jesu, das Todesurteil über sich selbst ausgesprochen wegen Uria und Batseba? Jesus spricht hier auch sein eigenes Todesurteil über sich, aber mit einem zweifachen Unterschied: Statt das Urteil direkt auszusprechen, sagt zuerst sein Schweigen zu diesem Vorwurf genug. Und er ist dennoch nicht schuldig, denn er ist, wie er selbst bezeugt, des Menschen Sohn und Gottes Sohn, und sein Selbstzeugnis über Kreuz und Auferstehen ist Wahrheit, und zwar göttliche Wahrheit, welche die Schriftgelehrten und Pharisäer nicht wahrhaben wollen. Einfach gesagt, die Wahrheit, zu der wir stehen, ist gefährlich für die Welt. Die Wahrheit, zu der wir stehen, das Evangelium Jesu Christi, ist, daß er am Kreuz für unsere Schuld und Sünde starb, daß er am dritten Tag auferstanden ist von den Toten und jetzt zur Rechten des Vaters sitzt. Diese Wahrheit ist uns zu hoch, um sie zu begreifen, da wir Sünder sind; aber durch den Heiligen Geist wissen wir um diesen Wahrheitsgehalt. Jesus Christus wurde gekreuzigt wegen der Wahrheit selbst, nicht vor allem wegen unseres Lügengeistes. Der Lügengeist der Schriftgelehrten und Pharisäer wirkt als Konfrontation mit der Wahrheit selbst, weil diese unsere Selbstgerechtigkeit endgültig in Frage stellt. Diese Szene, in der Menschen Gott wie einen Verbrecher verurteilen, ihn sogar schlagen und verhöhnen, ist sie nicht ein wichtiger Teil auch des heutigen Alltags? Jeder der sagt: »Ich als mündiger Mensch (vielleicht als wissenschaftlich, sogar theologisch gebildeter Mensch) werde über Jesus Christus urteilen, über den Wahrheitsgehalt seines Kreuzes und seiner Auferstehung, seines Heils und seiner Göttlichkeit« — jeder, der so denkt und redet, wiederholt dieses Verhör Jesu. Wir erinnern uns, wie auch Paulus so behandelt wurde in Athen, der Stadt der Philosophen, als er Christus als den alleinigen, jedoch unbekannten Gott predigte. Sie verhörten und verspotteten ihn, genauso wie Jesus verhöhnt und verurteilt wurde.

Und wie versagten Petrus und auch die anderen Jünger, als Jesus diesen so geraden Weg ging! Ihr Verhalten spricht Bände, auch für uns heute. Es herrscht unter manchen Christen die Vorstellung, weil wir Gottes Heiligen Geist empfangen haben, würden wir uns viel seltener versündigen als die Jünger Jesu vor Pfingsten. War nicht der Petrus der Apostelgeschichte nach der Ausgießung des Heiligen Geistes ganz anders als der versagende Petrus der Passionsgeschichte? Durch tägliche Heiligung bekämen wir immer die Kraft, Gottes Willen zu tun. So denken manche Christen. Aber seien wir ehrlich. Das tägliche Leben schaut oft ganz anders aus. Täuschen wir uns und andere nicht. Die Bibel nennt die Dinge beim Namen.

Jesu Wahrheit ist uns oft zu scharf und übertrieben genau. Laßt uns ehrlich sein: Martin Luther hat auch den Heiligen Geist empfangen, war ein großer Held Gottes, aber wie oft hat er trotzdem ganz und gar versagt, insbesondere, als er älter wurde. Sind wir denn wirklich besser als Luther, als der versagende Petrus und andere Jünger? Verfügen wir überhaupt über den Heiligen Geist? Ist das nicht die allererste Frage?

Tatsache ist, daß vieles in der Kirchengeschichte, auch unter gottesfürchtigen Männern und Frauen, menschliches Versagen zeigt, nicht nur unseren Sieg durch den Heiligen Geist. Darüber hinaus müssen wir wissen um häufige geistige Angst und Not, um Kleinglauben auch bei unseren großen Glaubensmännern. Die Wahrheit ist, daß wir alle ganz mangelhafte, hilfsbedürftige Christen sind.

Was sollen wir tun, wenn sich unser Kleinglaube immer noch zu Wort meldet, wenn wir öfters versagen? Sollen wir dieses Versagen verneinen? — Nein, denn Petrus weinte darüber bitterlich und mußte später dreimal öffentlich vor den anderen Jüngern Zeugnis darüber ablegen. Sollen wir dann wie Petrus zuerst glauben, daß wir diesen Kampf zwar mit Christus, aber durch uns selbst gewinnen können? — Nein, das sei uns auch fremd, denn der Kampf gegen Sünde, Teufel und Tod ist nicht ein Kampf, den wir gewinnen können durch großen Einsatz und durch unseren Eifer.

Was lehrt uns also diese Geschichte über unsere wahre Lage und über Jesus Christus? Zuerst sollen wir wissen, daß der Herr, der zu uns steht — denn er steht zu seinen Jüngern, auch zu versagenden — daß dieser Herr, Jesus Christus, die Wahrheit selbst ist, viel tiefer, größer und schärfer als einer von uns begreifen kann. Zweitens: Wir sollen wissen, daß wir immer noch Menschen sind, versuchliche, schwache, fehlbare Menschen. Gegen den unsichtbaren und überlegenen Bösen, Satan, können wir selbst gar nichts ausrichten. Das sollen wir in aller Klarheit wissen. Drittens: Jesus Christus vertritt uns, sowohl gegen die Welt als auch gegen eine weltlich ideologisch denkende Kirche. Er steht für das Evangelium und damit für uns ein. Viertens: Wir sollen wissen, daß er unsere Lage kennt, daß er weiß um unsere Schwachheit: »Petrus, ehe der Hahn kräht, wirst du mich dreimal verleugnen.« Dieser Ruf des Hahns ist nichts anderes als Gottes Ruf an Adam: »Wo bist du, Adam?« Ein Ruf zur Wahrheit, der uns unsere wirkliche Lage vor die Augen stellen soll. Petrus antwortet mit Buße wie David damals, und das soll, wie Luther mit Recht sagte, unsere tägliche Andacht sein.

Einfach gesagt: nur wenn wir bis in die letzte Tiefe um unsere Schuld wissen, sie wahrnehmen und erkennen, können wir errettet werden. Buße ist unsere tägliche Speise als Christen, und so schmerzhaft das ist, so wahr ist es auch. Jesus sieht uns, er kennt unsere Lage, er weiß um unser Versagen, und er will uns helfen. Zuerst hilft er uns durch diesen Bußruf, dann aber auch weiterhin. Er kräftigt uns durch sein Wort gegen die Mächte der Finsternis in uns, sogar so, daß wir die Kraft bekommen, seine Wahrheit an unsere verlorenen Nächsten weiterzugeben, wie Petrus es an Pfingsten so mutig tat.

Aber der alte Adam bleibt immer noch in uns, Versuchungen sind wir ausgesetzt bis an unser Lebensende.

Wir können diesen Kampf nicht gewinnen. Jesus aber hat ihn ein für allemal für uns am Kreuz gewonnen. Was wir tun können, ist leben aus seiner Kraft, nach seinem Wort, in seiner Gemeinde, und uns bewußt werden, daß Christus täglich an uns wirkt durch Buße, daß er das Dunkel in mir bewußt macht und erhellt durch sein Wort, daß ich ganz und gar abhängig von ihm bleibe. Heiligung ist letzten Endes nichts anderes als totale Abhängigkeit von Christus, von seinem Heil, Einverständnis mit seiner Führung, wann und wie er will. Wir sind trotz alledem eine Siegesgemeinde. Durch Jesu Sieg haben wir das Leben, das wahre Leben als seine Kinder. Gelobt sei er!

Der Missionsbefehl

Aber die elf Jünger gingen nach Galiläa auf den Berg, wohin Jesus sie beschieden hatte. Und als sie ihn sahen, fielen sie vor ihm nieder; einige aber zweifelten. Und Jesus trat herzu und sprach zu ihnen: Mir ist gegeben alle Gewalt im Himmel und auf Erden. Darum gehet hin und machet zu Jüngern alle Völker: Taufet sie auf den Namen des Vaters und des Sohnes und des heiligen Geistes und lehret sie halten alles, was ich euch befohlen habe. Und siehe, ich bin bei euch alle Tage bis an der Welt Ende.

Matthäus 28, 16-20

So klar und so deutlich der auferstandene Jesus seinen Jüngern seinen Missionsbefehl gab, so leicht finden es manche modernen Christen, gerade diese Klarheit und Deutlichkeit zu übersehen und seinem Missionsbefehl ganz andere Akzente zu geben, die an diesem Befehl vorbeisehen und vorbeihandeln. Wie verstehen solche modernen Christen diesen Befehl, und warum sehen sie ihn so? Menschen, nicht nur solche der Dritten Welt, unternehmen es, mit einer allumfassenden Kritik des westlichen Imperialismus und seiner Auswirkung auf ihre Länder, die Befreiung — ging sie friedlich oder blutig vor sich — zu begründen. Manches an dieser Kritik war gerechtfertigt, manches nicht. Niemand kann daran zweifeln, daß der missionarische Auftrag eine wichtige Rolle im Imperialismus des 19. Jahrhunderts gespielt hat. Sicherlich gab es auch ganz andere Motive wie Macht und Wirtschaftsinteressen, aber in vielen Ländern waren es die Missionsgesellschaften, die starkes Interesse daran zeigten, daß ihre (westlichen) Länder in den Ländern der Dritten Welt eine wichtige Rolle spielten. Warum? Selbstverständlich, weil sie Jesu Missionsbefehl ernst nahmen und weil sie von der ersten Missionszeit innerhalb des Römischen Reiches wußten, daß die Mission erleichtert wurde, wenn äußere Ordnung und Gerechtigkeit herrschten. Die Missionare der letzten Jahrhunderte haben nicht nur das Wort Christi in fast jedem Teil der Welt bekannt gemacht, wenn auch selbstverständlich nicht jeder einzelne Mensch erreicht werden konnte, sondern sie haben auch bessere Schulen, medizinische Versorgung, westliche Kultur und Zivilisation mitgebracht.

Nach dem Zweiten Weltkrieg wurde ein Land nach dem andern vom westlichen Imperialismus befreit, und innerhalb dieser Länder gab es in ihrem Befreiungskampf natürlich einen deutlichen Feind: ihre »Unterdrücker«. Zwar hatten die Europäer des letzten Jahrhunderts sehr viel Positives im Sinne westlicher Zivilisation und Kultur verbreitet (auch wenn wir oft überheblich waren und unsere eigenen Zwecke in den Mittelpunkt gestellt hatten, nicht die Interessen der Eingeborenen), Positives auch in Beziehung zum Christentum. Aber während ihren Befreiungskriegen haben die Völker dieser Länder nur das Negative gesehen. Aus ihrer Sicht, die genauso eigengefärbt war wie unsere westliche Sicht der Dinge, zerstörte der europäische Imperialismus ihre einheimische Art des Lebens, ihre Kultur, ihre eigene Wirtschaft, ihren Glauben und vor allem ihre Freiheit. Der Befreiungskampf dieser Völker war auch ein Kampf um ihre eigene Identität. Leider können wir heute feststellen, daß viele dieser befreiten Länder jetzt unter Diktaturen leben, daß ihre Wirtschaft sehr schwach ist, vielleicht weil sie zu wenig und nicht zu viel verwestlicht waren. Wir haben sie zu wenig vorbereitet auf die technologischen Änderungen, die der Westen schon durchgemacht hatte. Merkwürdigerweise hat ihre »primitive« Kultur eine sehr große Rolle in unserer westlichen Kultur gespielt, vor allem in Malerei und Plastik. Aber ihre eigene Kultur ist immer noch verwestlicht, gespalten zwischen einheimisch und westlich. Aber in Beziehung zum Glauben haben viele Menschen dieser Länder entweder gesagt, wir wollen unseren alten Naturglauben zurückgewinnen, oder wir wollen ein Christentum unserer, nicht der westlichen Art. Sie behaupten, daß wir Europäer ein Christentum entwickelt haben, gleich ob evangelisch oder katholisch, das unsere Kultur widerspiegelt und deswegen vielen von ihnen fremd bleibt.

Wegen dieser Anklage und wegen unserer eigenen selbstkritischen Art hat sich das Missionsverständnis vieler moderner Christen und auch sogenannter Missionsgesellschaften geändert. Manchmal ist diese Änderung nur äußerlich und letzten Endes positiv, indem Pfarrer aus jenen Ländern selbst die Hauptlast der Mission in ihrem eigenen Land und Volk übernehmen. Auch die Form des Gottesdienstes entspricht oft dem Leben jener Menschen. So kann in Afrika der Gottesdienst stundenlang dauern, mit viel Tanzen und Singen aus reiner Freude. So werden auch die neueren Kirchen in ihrem eigenen Stil erbaut. Solche Änderungen sind zu begrüßen. Aber bei manchen geht die Reaktion weiter, und zwar auf Kosten des Missionsbefehls selbst. Mission bedeutet zum Beispiel für viele einfach gute Werke mit wenig Wortverkündigung: Medizin, Landwirtschaft und andere Hilfen, aber nur diese. Für viele wird Mission umgewandelt zu einer Art von Dialog: Wir akzeptieren euren Naturglauben, aber wir wollen miteinander darüber reden, damit wir einander besser verstehen. Ich habe selbst von einem modernistischen afrikanischen Pfarrer gehört, der bei einer früher sehr würdigen Missionsgesellschaft sprach, daß er sich mit seinem toten Großvater auf den Feldern unterhalte (das ist Spiritismus, in Gottes Augen ein Greuel) — und modernistische deutsche Pfarrer sagten kein Wort dagegen. Einfach gesagt, in der Reaktion gegen westlichen Imperialismus ist das Kind mit dem Bad ausgeschüttet worden. Mission wird angepaßt an anderen Glauben, an Götzen. Der Missionsbefehl wird zum mitmenschlichen Gespräch mit vielen guten Werken umgedeutet. Die Dringlichkeit der Mission fehlt oft, weil viele sagen: Jeder soll glücklich sein mit seinem Glauben. Viele denken sogar, daß das Christentum, ja daß Christus selbst nicht die endgültige und einzige Wahrheit sei. Wir seien Christen. Sie dürften Moslems, Hindus, Buddhisten bleiben. Wir seien alle Brüder. So kann man es hören. Meinte Jesus das in seinem Missionsbefehl? Warum dann dieser Missionsbefehl, und was bedeutet er? Jesus spricht hier als Vollmächtiger, als Auferstandener, als jemand, der bewußt sagt: »Mir (und niemand anderm) ist gegeben alle Gewalt im Himmel und auf Erden.« Diese Aussage läßt sich nicht relativieren, schmälern. Nur er, sagt Jesus, habe die Vollmacht vom Himmel und niemand sonst, kein Vertreter eines anderen Glaubens. Jesus befiehlt dazu, daß wir zu allen Völkern auf Erden gehen müssen, um diese Menschen zu Jüngern zu machen und sie zu taufen. Durch seinen eigenen Umgang mit seinen Jüngern und durch die Apostelgeschichte lernen wir, wie das auszuführen ist, in seinem, nicht in unserem Sinne. Und dazu verspricht Jesus, wenn wir das tun, wird er bei uns sein alle Tage bis an der Welt Ende. Das bedeutet auch, daß er nicht mehr bei uns sein wird, wenn wir seinem

Missionsbefehl nicht gehorchen. Damit legt er seinen Finger genau auf die Schwäche unseres »neuen« Missionsdialogs, unserer Gute-Werke-Mission auf Kosten seines dringlichen Befehls.

Und was passiert, wenn wir seinem Missionsbefehl nicht folgen? Ein Dreifaches: Erstens: Paulus warnt uns im Römerbrief ständig, daß Gottes Zorn auf den Völkern liegen werde, welche sein Wort nicht gehört haben, ob es farbige oder europäische Völker seien. Das einzige Heil ist bereit in Jesus Christus. Heil bedeutet hier Versöhnung mit dem Vater. Wer nicht an Jesus Christus glaubt, mit ihm lebt, kann nicht errettet werden. So sagt uns Christus. So sagt uns Paulus.

Zweitens: Wenn wir seinem Missionsbefehl nicht Folge leisten, haben wir als Jünger Jesu versagt. Im Alten Testament werden wir gewarnt durch den Propheten Hesekiel, daß wir ins Gericht kommen, wenn wir Gottes Wort nicht weitersagen; oder daß Glaube ohne Werke kalt, leblos ist, wie Jakobus uns ermahnt. Welche Werke können denn wichtiger sein, als das weiterzugeben, was Jesus Christus für uns getan hat? Er hat unsere Gottesferne (Sünde) auf sich genommen und Gottes Forderung nach Vollkommenheit (siehe die Bergpredigt) selbst für uns erfüllt. Das ist wahre Liebe: Jesu Einsatz für uns. Reine menschliche Liebe ist von unserer Sünde befleckt und hilft letzten Endes niemand weiter. Wer seinem Nächsten hilft, ohne Jesus die Ehre zu geben, ohne ihn in den Mittelpunkt zu stellen, ist letzten Endes überheblich und sich selbst genug.

Drittens: Jesus kann erst wiederkommen, wie er selbst sagt, wenn das Wort vom Kreuz zu allen Völkern gebracht worden ist. Wer sich weigert, das zu tun, handelt entweder, als ob Jesus nicht wiederkommen werde (ein Gedanke, welchen viele moderne Christen teilen) oder einfach gegen den Willen seines Herrn.

Wir müssen aus den Fehlern einiger Missionswerke lernen. Die bibelbewußten Missionare waren dazu immer bereit. Niemals dürfen wir gegen die Substanz von Jesu Missionsbefehl stehen, denn damit sind wir letzten Endes gegen das Heil anderer Völker wie auch unseres eigenen Volkes und damit folgerichtig auch gegen die endgültige Erlösung dieser Welt durch Jesu Wiederkunft. Mission fängt jetzt und hier an, wie die Jünger ihre Mission an ihrem Ort unter ihrem Volk anfingen. Jesus Christus befiehlt, aber er gibt uns dazu auch die nötige Kraft.

Fasten

Und die Jünger des Johannes und die Pharisäer pflegten zu fasten; und es kamen etliche, die sprachen zu ihm: Warum fasten die Jünger des Johannes und die Jünger der Pharisäer, und deine Jünger fasten nicht? Und Jesus sprach zu ihnen: Wie können die Hochzeitleute fasten, während der Bräutigam bei ihnen ist? Solange der Bräutigam bei ihnen ist, können sie nicht fasten. Es wird aber die Zeit kommen, daß der Bräutigam von ihnen genommen wird; dann werden sie fasten, an jenem Tage.

Markus 2, 18–20

Ich fühle mich immer persönlich angesprochen von dem Thema Fasten, denn von der Neigung her tendiere ich eher in die andere Richtung.

Warum fastet man überhaupt? Fasten bedeutet, daß wir uns enthalten von den Gütern der Schöpfung, denn alles, was Gott geschaffen hat, steht uns als Menschen zur Verfügung, aber alles in Maßen und als Zeichen seiner Zuwendung und Liebe. Fasten bedeutet, mich bewußt von den Gütern Gottes zu enthalten, weil ich mir wohl bewußt bin, daß ich ein Sünder bin. Sünde bedeutet oft auch Übermaß, Übermaß an Essen und Trinken, an Selbstgenuß jeder Art, Übermaß vor allem in dem, wonach mich verlangt. Das zeigt, daß ich mehr und mehr über das Gute der Schöpfung verfüge und darum ständig in Gefahr bin, undankbar zu werden und alles als selbstverständlich anzunehmen. Fasten ist biblisch gesehen ein Zeichen von Buße, Reue, denn mir soll klarwerden, daß nicht alles selbstverständlich ist, daß alle Güter der Welt von dem Herrn kommen und letzten Endes ihm gehören. Und wenn ich faste, dann merke ich schnell, sehr schnell, daß ich abhängig bin von dem, was der Herr mir gibt.

Der höchste Feiertag im Alten Bund, Yom Kippur, der Tag der Versöhnung, ist ein Fasttag. Bei Sonnenuntergang, am Abend zuvor –, denn im Alten Testament fängt der neue Tag mit dem Sonnenuntergang am Vorabend an –, ißt man eine festliche Mahlzeit im Bewußtsein: von nun an müssen wir uns enthalten. Am nächsten Tag geht man früh in die Synagoge. Meistens bleibt man fast den ganzen Tag dort, um seine Gedanken auf den Herrn zu konzentrieren und nicht an den leeren Magen denken zu müssen. Zu Yom Kippur gibt es Gebete über Gebete um unsere Schuld und Sünde. Es wird sogar gesagt, daß alle unsere Werke mit Schuld und Sünde befleckt sind. Für mich ist die tiefste Aussage: „Herr, ich habe mich in Schuld verstrickt, ohne zu wissen, daß ich gesündigt habe." Ja, so tief geht unsere Schuld, daß wir oft unfähig sind zu merken, daß wir sündig sind. Wer nach einer Feier von Yom Kippur immer noch glaubt, daß das Judentum nur ein Gesetzesglaube ist, hat dieses Fasten und dieses Bekenntnis überhaupt nicht verstanden.

Nun verbietet Jesus seinen Jüngern zu fasten, anders als Johannes der Täufer oder die Pharisäer. Jesus sagt: „Wie können die Hochzeitleute fasten, während der Bräutigam bei ihnen ist? Solange der Bräutigam bei ihnen ist, können sie nicht fasten."

Jesus meint einfach, sein Kommen auf Erden bedeute Freude, Heil, Überwindung. Jetzt ist nicht die Zeit, sich zu enthalten, traurig zu sein. Natürlich rief Johannes als Vorbote Christi nach Buße, nach Reue, nach einer Vorbereitung auf das Kommen Christi – und so soll es heute sein vor seiner Wiederkunft –, aber Jesus kam damals auf Erden als Erfüllung. Jetzt ist die Zeit da, ist erfüllt, er ist mitten unter uns. In Jesus Christus ist Gottes Reich auf Erden in seiner Person sichtbar. In ihm hat sich uns Gottes Liebe total zugewendet. Darum war das keine Zeit, um traurig zu sein, um zu fasten, denn der Herr hat uns sein Alles gegeben, Jesus Christus, seinen eingeborenen Sohn, und Christus gab uns sein Alles, Leib und Seele, in seiner Hinwendung zu uns und vor allem am Kreuz. Da sollen wir antworten mit Freude, mit Nachfolge, denn unsere Stunde ist da in ihm, die Stunde der Befreiung, der Erlösung.

Sonderbar ist es aber, daß alle christlichen Kirchen, außer der evangelischen, wieder Fastentage eingeführt haben. Hat

Jesus nicht gesagt: „Es wird aber die Zeit kommen, daß der Bräutigam von ihnen genommen wird; dann werden sie fasten an jenem Tage."

Warum kam Luther zu seiner Schlußfolgerung gegen den Brauch des ganzen Christentums? Zuerst sah Luther als Mönch, daß das Fasten zu einer Art von gutem Werk geworden war. Es gab Fastenzeiten, vor allem während der Passionszeit, und Luther merkte, daß gerade das passiert war, wovor Jesus gewarnt hatte. „Wenn ihr fastet, sollt ihr nicht sauer sehen wie die Heuchler, denn sie verstellen ihr Angesicht, auf daß sie vor den Leuten etwas scheinen mit ihrem Fasten. Wenn du aber fastest, so salbe dein Haupt und wasche dein Angesicht, auf daß du nicht scheinest vor den Leuten mit deinem Fasten." Jesu Aussage steht in der Bergpredigt. Luther sah im Fasten eine Art Selbstschau und gutes Werk, eine Art von Leistung, eine Art sich über andere zu überheben. Damit verliert das Fasten seinen wahren Sinn. Fasten hat mit Enthaltung zu tun, mit Buße. Wenn wir wirklich fasten, um viel aus uns zu machen, eine Schau aufzuziehen, dann ist Fasten nichts anderes als Heuchelei, Sünde. Es galt in der Kirche zu Luthers Zeit die Ansicht, die Fastenregeln seien als Buchstaben und nicht wirklich geistlich zu betrachten. So konnten z. B. Fische und Vögel an besonderen Fastentagen gegessen werden, aber Fleisch von anderen Tieren durfte man nicht essen. Forellen oder Wachteln schmecken mir und bestimmt auch den Mönchen zu Luthers Zeit genauso gut wie Schweinebraten oder Schnitzel. Luther, glaube ich, bleibt hier seinen eigenen reformatorischen Grundsätzen nicht vollständig treu: Allein Jesus Christus, allein die Heilige Schrift, allein durch Glauben. Denn trotz jeden möglichen Mißbrauchs von Fasten haben weder Jesus noch seine Jünger in der Nachfolge das Fasten verworfen. Jesus zeigt uns deutlich, was aus dem Fasten gemacht werden konnte, und er warnt uns davor. Aber hat er uns nicht auch gezeigt, wie das Gebet mißbraucht werden kann? Trotzdem beten wir immer noch. Und zu Jesu Zeit haben seine Jünger auf seinen Befehl hin nicht gefastet, aber Jesus selbst sagt, daß wenn er von uns genommen wird, seine Jünger wieder fasten werden. In der Apostelgeschichte wird das Fasten der Jünger nochmals bezeugt. Weil die katholische Kirche zu Luthers Zeit öfters das Fasten mißbrauchte, bedeutet das nicht, daß das Fasten an sich falsch ist. Auch wir Evangelischen haben ja den Buß- und Bettag, welcher eine Art von Ersatz für das Fasten ist, geht es doch dabei um Buße tun, um Gebet. Trotzdem scheint mir diese Entwicklung in unserer Kirche im reformatorischen, im biblischen Sinne nicht gerecht. Hat nicht Paulus gesagt, entweder leben wir für unseren Magen oder für den Herrn? Und hat nicht Luther die (fragwürdige) Empfehlung gegeben, um uns immer wieder in Erinnerung zu rufen, daß wir keine Heiligen sind, sollten wir eine kleine Sünde pflegen. Doch gerade Luthers „kleine Sünde" hat ihn selber recht dick gemacht.

Ich meine, wir sollten überlegen, ob fasten nicht einen Sinn für uns heute haben könnte. Für mich würde die Entscheidung besonders schwierig. Ich erlebte in meiner Jugendzeit, daß Yom Kippur, der Fastentag der Versöhnung, eine sehr tiefe Bedeutung haben kann und daß das Fasten unweigerlich dazu gehört. Vielleicht brauchen wir Wohlstandskinder eine Art Bremse, um zu merken, daß dem Herrn allein alle die Güter dieser Welt gehören. Wir leben am Ende der Tage, und gerade Buße ist das Zeichen, zu welcher der Endzeitprophet Johannes für diese Zeit, für die Zeit der Vorbereitung, aufrief. Fasten, biblisch gesehen, ist eng mit Buße verbunden, als eine Art zu verzichten auf die Freuden dieser Welt, in Vorbereitung auf das kommende Reich, denn wer sich zu sehr an diese Welt bindet, wird dem zukünftigen Reich nicht angehören.

Aber vielleicht hat *doch* der alte Luther in einer gewissen Hinsicht recht, steht es doch geschrieben in unserem Text: „Es wird aber die Zeit kommen, daß der Bräutigam von ihnen genommen wird; dann werden sie fasten, an jenem Tage." Können wir das nicht so verstehen, daß in der Zeit zwischen Kreuz und Auferstehung, auch Himmelfahrt und Pfingsten weder Jesus Christus, noch sein Heiliger Geist bei uns war? Und hat nicht Jesus als Auferstandener sogar gesagt: „Ich bin bei euch alle Tage bis an der Welt Ende"? Vielleicht hat Luthers Aussage eine gewisse, wenn auch nicht absolute Berechtigung in diesem Sinne, daß für uns Christen alle Zeiten letzten Endes Freudenzeiten sind, ob in Freude oder Leiden. Wir freuen uns doch in Dankbarkeit über des Herrn Güte; und wenn wir leiden, wissen wir, wir leiden mit dem Herrn. Vielleicht sind dann alle unsere Tage Freudentage in diesem Sinne und Jesus Christus ist durch seinen Heiligen Geist jeden Tag unter uns.

Aber vielleicht geht auch, wie gerade Luther es betonte, der Weg zu dieser Freude allein durch tägliche Buße, denn der natürliche Mensch oder der Freßsack und der Säufer in uns muß gerichtet werden, damit wir zu dieser Freude durchdringen und als verlorene Söhne und Töchter wieder angenommen werden. Vielleicht gehört zu dieser täglichen Buße auch eine Art von Verzicht, denn Jesu Reich ist nicht von dieser Welt, und seine Güter sind nur Leihgaben, welche wir in begrenztem Maße benutzen dürfen, damit wir nicht an dieser verlorenen Welt hängen bleiben.

„Herr, du allein weißt, was wir brauchen, um diese innere Erneuerung, um wahre Buße zu erlangen. Du sollst zu jedem von uns persönlich sprechen, ob Fasten, dieser Verzicht, nicht auch eine rechte Form sein kann für uns. Aber, Herr, hüte uns vor der Gefahr des Eigennutzes, der Selbstschau und der pharisäischen Werkgerechtigkeit, denn du allein bist unser Hab und Gut. Amen."

Der große Leidensweg

Und er fing an, sie zu lehren: Der Menschensohn muß viel lei-
den und verworfen werden von den Ältesten und Hohenprie-
stern und Schriftgelehrten und getötet werden und nach drei
Tagen auferstehen. Und er redete das Wort frei und offen. Und
Petrus nahm ihn beiseite und fing an, ihm zu wehren. Er aber
wandte sich um, sah seine Jünger an und bedrohte Petrus und
sprach: Geh weg von mir, Satan! denn du meinst nicht, was gött-
lich, sondern was menschlich ist. Und er rief zu sich das Volk
samt seinen Jüngern und sprach zu ihnen: Wer mir nachfolgen
will, der verleugne sich selbst und nehme sein Kreuz auf sich
und folge mir nach. Denn wer sein Leben erhalten will, der wird's
verlieren; und wer sein Leben verliert um meinetwillen und um
des Evangeliums willen, der wird's erhalten. Denn was hülfe es
dem Menschen, wenn er die ganze Welt gewönne und nähme
an seiner Seele Schaden? Denn was kann der Mensch geben, wo-
mit er seine Seele auslöse? Wer sich aber meiner und meiner
Worte schämt unter diesem abtrünnigen und sündigen Ge-
schlecht, dessen wird sich auch der Menschensohn schämen,
wenn er kommen wird in der Herrlichkeit seines Vaters mit den
heiligen Engeln.

Markus 8, 31-38

Kaum ein Text in unserer ganzen Bibel ist für mich so erschütternd,
bewegt mich bis ins Mark, wie der Text, welcher diesem Absatz
vorangeht. Hier fragt Jesus seine Jünger, was die Leute von ihm
halten, und Jesus bekommt verschiedene Antworten. Aber dann
schaut Jesus Petrus direkt an und fragt: »Ihr aber, wer sagt ihr,
daß ich sei?« Da antwortete Petrus und sprach zum ihm: »Du bist
der Christus!« Warum ist diese Aussage so umwälzend? Weil Petrus und auch andere Jünger (das bedeutet hier das »ihr«) als Vertreter Israels jetzt wissen: »Jesus Christus ist der, auf den Israel
immer gewartet hat, auf den die jüdische Bibel, das ganze Alte Testament, hinzielt.«
   Wir würden denken, jetzt wird Jesus ihn umarmen und sagen:

»Jawohl, du und ein paar andere wissen, so ist es.« Aber nein, gerade jetzt zeigt Jesus, was das wirklich bedeutet, der König der Juden zu sein, nämlich der wahre, endgültige Leidensknecht Gottes. Nun erzählt Jesus Petrus und den anderen, was seine Zielsetzung ist: »Und er fing an, sie zu lehren: Des Menschen Sohn muß viel leiden und verworfen werden von den Ältesten und Hohenpriestern und Schriftgelehrten und getötet werden und nach drei Tagen auferstehen.«

Diese Aussage ist für Petrus und für die anderen bestürzend. Zwar kann man von ihnen als Galiläer keine große Schriftkenntnis erwarten, denn die Galiläer waren sprichwörtlich etwas weniger geschult in Gottes Wort als die Judäer zum Beispiel, aber als Jünger Jesu können wir bei ihnen doch mit gewissen tieferen Kenntnissen rechnen. Jeder Jude, der etwas von der Bibel versteht, und besonders damals, als die messianische Erwartung so aktuell war wie heute, weiß, daß der Messias kommen wird, Frieden in der Welt aufzurichten, die Erlösung Israels unter den Völkern. Dann werden alle Völker hinpilgern nach Jerusalem (Jesaja 2 und andere Stellen), um den Gott Israels anzubeten. Und dieser Messias wird ein großer Held sein, wird mit Macht und Herrlichkeit herrschen. Zwar gibt es verschiedene Stellen in Jesaja über den Gottesknecht, insbesondere in Jesaja 53, welche den Messias als Leidensgestalt darstellen, auch Psalm 22, der Kreuzespsalm; aber Israel hat viel eher einen starken, gewaltigen Herrscher erwartet, der sein Volk mit mächtiger Hand von den Römern befreien und sein Friedensreich in dieser Welt aufrichten wird. Kreuz, Leiden bedeutete damals wie heute unter den Juden das, wovon wir befreit sein möchten. Jesu Art und Weise, messianische Schriften zu erfüllen, auch seine Art von Befreiung und Friedensschluß, war gerade das, was Israel nicht erwartete. Deswegen weigerte sich Petrus gegen Jesu eigene Zielsetzung. »Und Petrus nahm ihn beiseite und fing an, ihm zu wehren.«

Und dann gab Jesus eine Antwort für alle modernistischen Theologen, die Jesus rein menschlich sehen wollen: »Er aber wandte sich um und sah seine Jünger an und bedrohte Petrus.« Gerade in dem Moment, als Petrus sich zur wahren Erkenntnis durchgerungen hat, daß Jesus der Heiland ist, verleugnet er das innerste Wesen dieses Heilandes, nämlich Leiden und Kreuz. Des Petrus menschliche

Denkart kennen wir heute nur allzu gut: Menschliche Not ist das Schlimmste, was uns geschehen kann, wir müssen uns mit Händen und Füßen dagegen wehren. Aber Jesu Weg, wie er selbst sagte, ist der Weg aller seiner wahren Nachfolger und verspricht gerade Leiden.

Warum bezeichnet Jesus Petrus hier als Satan? An einer anderen Stelle sagt er von seinem eigenen Volk, welches ihn nicht annahm, daß sie die Kinder Satans seien, nicht die Kinder Abrahams. Was er meint, ist, daß sie in diesem Moment durch seinen Widersacher, den Satan, sich von Gott, von Jesus entfernt haben, und diese Gottesferne ist Sünde, Satans Bereich. Armer Petrus, gerade in der tiefsten aller Erkenntnisse, die ihm geworden ist, daß Jesus der lang ersehnte Messias sei, verkennt er den wahren Sinn und die Zielsetzung seines Messias.

Und tun wir das nicht auch, Tag um Tag? Wie viele von uns beten und meinen wirklich: »Dein Wille geschehe«? Doch wie viele von uns glauben wie Petrus: Weil ich dich als meinen Herrn anerkenne, wirst du letzten Endes meinen Willen geschehen lassen, denn ich meine es doch — wie Petrus — nur gut. — »Dein Wille geschehe« bedeutet auch die Erkenntnis bis ins Innerste, daß der Herr für alle und alles über Tag und Stunde verfügt, nicht nur über die Zeit seiner Wiederkunft. »Dein Wille geschehe« bedeutet, daß Jesus ans Ziel kommen wird, wann und wie er will. Ist es nicht wahr, daß der Satan mit biblischen Worten und anscheinend im biblischen Sinne ihn herausfordert? Die Zeichen, welche der Satan von ihm verlangt, sind göttliche Zeichen, wie auch die der Pharisäer, aber sie verlangen diese Zeichen, wann und wie sie das haben wollen, nicht wann und wie er das haben will. Wir verfügen niemals über den Heiligen Geist, sondern dieser Geist kommt, wann und wie er will, und erreicht dann seine Ziele. Richtige Mitarbeiter Jesu sein bedeutet, zu erkennen, daß nur einer unser Meister ist, der Wirkende und Bestimmende, der wahre Gott Israels, Jesus Christus. Was verlangt dann Jesus von uns? Er verlangt mitgehen, hinter ihm, hinter dem Kreuztragenden. Er verspricht uns nichts anderes als Leiden in der Nachfolge. Allein dadurch ist der Weg zu seinem Reich bestimmt: Kreuz, mitgekreuzigt werden. Das heiß aber auch, daß wir mit ihm auferstehen werden und sein Reich ererben.

Heute hören wir immer wieder, und das bestimmt unsere nachchristliche Gesellschaft, daß Mitmenschlichkeit der höchste Wert sei. Wer kann nach Auschwitz, nach den Straflagern in Sibirien, nach den Diktaturen und der Dekadenz unserer Zeit wirklich glauben, daß der Mensch, überhaupt das Menschliche, gut ist? Jesus sagt dazu nein. Noch entschiedener, er nennt solches Denken sogar satanisch. Warum?

Weil Satan Adam und Eva gerade mit einem solchen Argument verführt hat, wie er dann auch versuchte, Jesus zu verführen. Satan will, so behauptet er wenigstens, den Menschen Gott gleich stellen, in Gottes Bereich des ewigen Lebens eindringen. Gerade das ist Sündenfall. Und eine Gesellschaft, in der Mitmenschlichkeit als der höchste Wert angesehen wird, verherrlicht Satan und nicht Jesus Christus. — Oh, werden heute viele sagen, dieser Jesus ist unmenschlich, er verlangt zu viel von uns. Wir beten ab und zu mal, auch gehen wir in den Gottesdienst, vielleicht ein paarmal im Jahr. Wir sind getauft, konfirmiert, sogar christlich getraut. Das ist genug, das reicht. Wahre Nachfolge aber bedeutet Tag für Tag: »Denn wer sein Leben erhalten will, der wird's verlieren, und wer sein Leben verliert um meinetwillen und um des Evangeliums willen, der wird's erhalten.« Seien wir uns im klaren darüber: wir werden alle unser Leben verlieren. Diese Welt ist nicht die letzte und entscheidende. Wer aber weiß: Herr Jesus, ich bin schuldig an deinem Kreuz, weil ich Tag um Tag allzu menschlich denke wie Petrus — wer das weiß und immer wieder Buße tut, immer neu aufgehoben und weitergeführt wird durch unseren Heiland, der wird Zukunft haben, nur der. So sagt uns Jesus. Wer aber beharrt auf seiner Menschlichkeit, welche letzten Endes seine eigene Herrschaft über sein Leben bedeutet, dem gilt, was Jesus sagt: »Was hülfe es dem Menschen, wenn er die ganze Welt gewönne und nähme an seiner Seele Schaden? Denn was kann der Mensch geben, damit er seine Seele löse«?

Herr Jesus, du allein kannst uns die Kraft geben, in deiner Nachfolge zu bleiben. Wenn wir schwach sind und wissen um die sündige Herrschaft unseres eigenen Willens, sind wir gewiß, daß du zu uns kommen wirst, uns aufzuheben und weiterzuführen, wie und wann du willst, auf deinem guten und geraden Weg. Herr Jesus, du bist unsere Stärke, auf dich allein vertrauen wir.

Wenn wir Leerlauf erleben

Es begab sich aber, da sich das Volk zu ihm drängte, zu hören das Wort Gottes, daß er stand am See Genezareth und sah zwei Schiffe am See liegen; die Fischer aber waren ausgestiegen und wuschen ihre Netze.

Da trat er in der Schiffe eines, welches Simons war, und bat ihn, daß er's ein wenig vom Lande führte. Und er setzte sich und lehrte das Volk aus dem Schiff.

Und als er hatte aufgehört zu reden, sprach er zu Simon: Fahre auf die Höhe und werfet eure Netze aus, daß ihr einen Zug tut!

Und Simon antwortete und sprach zu ihm: Meister, wir haben die ganze Nacht gearbeitet und nichts gefangen; aber auf dein Wort will ich das Netz auswerfen. Und da sie das taten, fingen sie eine große Menge Fische, und ihre Netze begannen zu reißen. Und sie winkten ihren Gesellen, die im andern Schiff waren, daß sie kämen und hülfen ihnen ziehen. Und sie kamen und füllten beide Schiffe voll, also daß sie sanken.

Da das Simon Petrus sah, fiel er Jesus zu Füßen und sprach: Herr, gehe von mir hinaus! Ich bin ein sündiger Mensch. Denn es war ihn ein Schrecken angekommen und alle, die mit ihm waren, über diesen Fischzug, den sie miteinandergetan hatten; desgleichen auch Jakobus und Johannes, die Söhne des Zebedäus, Simons Gesellen. Und Jesus sprach zu Simon: Fürchte dich nicht; denn von nun an wirst du Menschen fangen. Und sie führten die Schiffe zu Lande und verließen alles und folgten ihm nach.

Lukas 5, 1–11

Jedem von uns geht es irgendwann einmal so wie dem Simon Petrus in dieser Geschichte. Auch wir gehen unserer Arbeit nach, tun Tag für Tag das, was von uns gefordert wird. Durch Fleiß, persönlichen Einsatz und Klugheit versuchen wir, mit den Problemen, die uns begegnen, fertig zu werden.

Petrus begab sich, wie schon so oft, abends auf den See

von Genezareth hinaus, um Fische zu fangen. Es gehörte zu seiner Berufserfahrung, daß bei diesen klimatischen Bedingungen die Fische abends am leichtesten zu fangen waren, weil sie während der Hitze des Tages die Tiefe des Sees aufsuchten. So ging Petrus an seine Arbeit, besonnen und gut ausgerüstet.

Doch diesmal fing er nichts. So etwas können wir auch erleben: wir bereiten uns vor, wir tun alles, damit unsere Arbeit klappt, aber aus irgendeinem Grund haben wir keinen Erfolg. Jeder hat irgendwann einmal einen schlechten Tag — vielleicht arbeiteten wir unkonzentriert, vielleicht sind wir durch irgend etwas abgelenkt, vielleicht liegt das Problem auch außerhalb von uns.

Die „Fische" sind nicht, wo wir sie erwarten, das Holzstück, das wir bearbeiten, hat nicht die gewünschte Qualität, mit dem Unterricht in der Schule klappt es nicht, weil die Kinder unruhig sind. Die Ursachen liegen oft bei uns selbst, manchmal auch bei anderen Menschen, oder sie sind durch das Arbeitsmaterial bedingt.

Doch hin und wieder können wir sie nirgendwo entdecken — alles geht schief, und wir wissen nicht warum.

Oder es wird noch schlimmer, noch bedeutungsvoller: Es geht überhaupt nicht mehr weiter wie bisher. Wir haben uns zum Beispiel leergepredigt oder unterrichtet, ohne daß ein Funke überspringt. Wir finden keine Freude, keinen Sinn mehr in unserer Arbeit. Und dann werden wir in der Tiefe unsicher, dann beginnen wir zu fragen: Was soll werden, was soll ich tun, warum geht es so nicht weiter?

Ein solches Erleben, eine solche Unterbrechung unseres routinemäßigen Handelns läßt uns den Weg zur Quelle wahrer Lebenskraft finden. Plötzlich geht uns auf, daß Menschen und Dinge nicht einfach selbstverständlich so sind, wie sie sind. Wer bin ich? Was kann ich? Wer ist mein Gegenüber? Was ist meine Gabe und Aufgabe?

Wir merken, daß wir unter einer höheren Gewalt stehen, daß unser tägliches Leben alles andere als selbstverständlich ist, sowohl unsere Fähigkeiten als auch das, was wir damit ausrichten. Und nur, wenn wir das zutiefst wissen, existenziell erfahren, dann wird die Gottesfrage, die Frage nach der

Allmacht, der Allwissenheit, der Allgegenwart Gottes aktuell.

Petrus erlebt in unserer Geschichte einen einschneidenden beruflichen Mißerfolg, zunächst, weil die Fische einfach nicht da sind, wo er sie fangen will. Dann aber erfährt er in einer weit tiefer reichenden Erkenntnis, daß er um seiner eigenen Ohnmacht willen nichts gefangen hat, als der Herr ihm nämlich am nächsten Morgen zeigt, daß die Fische doch da sind, auch wenn das gegen alle Norm, gegen alle Erfahrung ist, und daß der Erfolg unseres Tuns letzten Endes von der Weisheit und Kraft Gottes allein abhängt.

Petrus erlebt gleichzeitig das „Ich kann nicht", „Ich bin ein sündiger Mensch" und „Der Herr vermag alles". „Auf dein Wort will ich mein Netz auswerfen", heißt nun seine Antwort. „Und als sie das taten, fingen sie eine große Menge Fische, und ihre Netze begannen zu zerreißen."

Petrus brachte seine berufliche Erfahrung mit. Aber letztlich waren die Fische, die er fangen wollte, Geschöpfe Gottes und nicht absolut in seine Hand gegeben. Davon könnte mancher Fischer erzählen. Ich habe selbst in Amerika einen ganzen Tag zu fischen versucht, sogar mit einem Boot mit Radargerät. Trotzdem fingen wir nichts.

Die Schöpfung und das Geschöpf gehören in eine Gottesordnung hinein, und auch wenn Gott uns Macht über die Tiere gegeben hat, so doch unter der Bedingung, daß wir über sie herrschen, wie er über uns herrscht. Statt dessen haben wir seine Schöpfung ausgeplündert. Eine Tierart nach der anderen stirbt aus als Zeichen unserer Rücksichtslosigkeit.

Das Zurückweichen der Fische vor Petrus läßt sich deshalb auch in prophetischem Sinn verstehen: Es wird einmal eine Zeit kommen, wo keine Fische mehr da sind. Einiges davon erleben wir heute schon, wo doch selbst der Hering, in früherer Zeit der gewöhnlichste aller Fische, von Jahr zu Jahr schwieriger zu fangen ist.

Doch damals bei Petrus gab es noch Fische in reichem Maß, nur nicht da, wo er sie erwartete und auch nicht zu der Zeit, wo er sie fangen wollte. Das Fischen ist eben, wie jede andere Arbeit kein automatisch abrollender Prozeß mit sicher garantiertem Erfolg. Unser Tun ist abhängig davon, ob der Herr uns Gelingen schenkt, ob er unseren Erfolg will.

Das sollte uns bei jedem Tischgebet vor Augen stehen: Alles gehört dem Herrn und wir müssen darauf warten, daß er uns das Nötige gibt.

Aber unser Text geht ja noch weiter. Zu einem Zeitpunkt, wo es aussichtslos erscheint, tat Petrus plötzlich einen großen Fang. Als sein Netz am hellen Tag auf einmal voller Fische war, erkannte er zutiefst: „Ich bin ein sündiger Mensch."

„Warum kommst du zu mir, warum zeigst du deine Macht an mir, wo ich doch so unwürdig bin?" so mochte er gefragt haben.

Diese Reaktion des Petrus, das Erkennen seiner Sündhaftigkeit, seine Angst, die vielleicht in ihm aufstieg, erinnert an den Propheten Jesaja, als der Herr ihm erschien und ihn als seinen Zeugen beanspruchte. „Herr, ich habe unreine Lippen, ich bin ein sündiger Mensch", so sagte er.

Alle Menschen, die von dem Herrn berufen werden, erleben diese Angst, auch Maria überkam existenzielle Furcht vor der Größe des Herrn und der Kleinheit ihrer eigenen Person. Ihre Unwürdigkeit, ihre Sündhaftigkeit erschreckte sie. Martin Luther sagte von Maria in seinem Magnifikat, daß sie der größte aller Menschen ist, voll wahrer Demut vor dem Herrn, nicht falscher Demut, die doch nur eine Schau vor Menschen ist. Sie weiß, daß sie nichts ist, nur eine einfache Magd des Herrn. Diese Demut ist bei dem Propheten und bei Petrus das Ergebnis eines Lernprozesses.

Petrus erlebte ganz anschaulich: Am Abend, wo du dich sicher fühltest und den Erfolg schon fast in der Tasche hattest, gingst du leer aus, aber als der Herr bei dir war, füllten sich deine Netze wider alles Erwarten zu einem Zeitpunkt, wo du nicht damit rechnen konntest.

Dieses Wachsen der Demut, das die Erkenntnis unserer Unfähigkeit, unseres Versagens und ebenso die Offenbarung der Größe unseres Herrn umfaßt, ist der Weg der Buße. Auch Paulus wurde vom Herrn so gedemütigt, daß sein widergöttliches Werk bloßgestellt wurde. Als Blinder, Schwacher wurde er dann von dem Herrn berufen.

Solche Erlebnisse des Versagens, des Mißerfolges begegnen uns allen mehr als einmal im Leben. Plötzlich geht es irgendwo nicht mehr weiter — mit der Arbeit, mit der Ehe, mit mir selbst. Aber gerade, wenn es dann zum Leerlauf kommt, wird uns deutlich — oder sollte uns deutlich werden —, daß alle diese Bereiche eben nicht automatisch „funktionieren". Alles was ich habe, meine Liebe, meine ganze Person, gehört dem Herrn. Und wenn ich außerhalb seiner Kraft, seiner Führung, seiner Fürsorge lebe, dann kann es nur Leerläufe geben, Leerläufe und schließlich den Tod des Geistes, der Seele und des Körpers, das Ende all unserer sogenannten Kraft.

Wir erleben immer wieder solche Leerläufe, damit der Herr zu uns sprechen kann, damit er uns führen kann, damit er uns aufrichten und uns in seinen Dienst berufen kann. „Und Jesus sprach zu Simon: Fürchte dich nicht! Denn von nun an wirst Du Menschen fangen."

Jesus Christus ist nicht nur Herr über die Fische, sondern auch über die Menschen. Sein Ziel ist es, daß sie zu ihm zurückgebracht werden, ihn annehmen als ihren Erlöser und Vater — „denn sie werden erkennen, daß ich der Herr bin"

Die Erkenntnis: „Ich bin ein sündiger Mensch, ich lebe für mich, fern von dir", führt zu einer Umkehr, führt zur Lebensänderung des Petrus. Er weiß jetzt, daß seine Kraft, seine Gabe, seine Person dem Herrn gehören. Aus dieser Erkenntnis heraus ändert er sein Leben, seine Richtung und wird zum Diener des Herrn.

Das ist das Ziel Gottes mit uns allen, sein Schalom, sein Friede in uns, diese Erkenntnis, daß er der Herr ist, daß er uns führen will. Und die Folgerung daraus ist unser Gehorsam gegenüber seinem Ruf in die Nachfolge.

Herr, brich in unseren Leerlauf ein, in unsere Selbstherrschaft, strahle dein Licht und deine Klarheit aus und mache uns zu Werkzeugen deines Friedens. Dein Weg ist der Weg der Wahrheit, der Weg der Liebe, der Weg zum Ziel in deinem Reich. Du bist der Herr und wir deine Kinder, du bist der König und wir sind dein Volk. Führe uns, leite uns Herr Jesus Christus, dir zur Ehre, dir zum Ruhm!

Die Notwendigkeit der Wiederkunft Christi

Lasset eure Lenden umgürtet sein und eure Lichter brennen und seid gleich den Menschen, die auf ihren Herrn warten, wann er aufbrechen wird von der Hochzeit, auf daß, wenn er kommt und anklopft, sie ihm alsbald auftun.

Selig sind die Knechte, die der Herr, wenn er kommt, wachend findet. Wahrlich, ich sage euch: Er wird sich aufschürzen und wird sie zu Tisch setzen und zu ihnen treten und ihnen dienen.

Und wenn er kommt in der zweiten Wache und in der dritten Wache und wird's so finden; selig sind diese Knechte.

Das sollt ihr aber wissen: Wenn ein Hausherr wüßte, zu welcher Stunde der Dieb käme, so ließe er nicht in sein Haus einbrechen.

Darum seid auch ihr bereit! Denn des Menschen Sohn kommt zu einer Stunde, da ihr's nicht meinet.

Lukas 12, 35—40

Unser Text ist heutzutage nicht populär. Viele von uns wollen nicht an die Zukunft Jesu Christi denken, dies meist deshalb, weil wir sein erstes Kommen verabsolutieren und weil wir mündige Christen letzten Endes nicht an Wunder glauben, an den Einbruch Gottes in diese Welt, und auch, weil sein Kommen das Ende unserer jetzigen Welt bedeutet.

Heute ist es, im Gegenteil, weithin üblich, endzeitliche Texte abzuwandeln und auf die Gegenwart anzuwenden. Man sagte, schließlich sei die Zukunft nicht so wichtig wie die Gegenwart. Und Jesus Christus sei einmal auf diese Welt gekommen, und damit habe seine Herrschaft über das Böse, über alle unsere Ängste bereits ihre Vollendung erreicht. In solchen Äußerungen spiegelt sich oft nur der mangelnde Glaube an seine Wiederkunft. Wir rechnen heute nicht mehr mit Wundern, und in der Vergangenheit ist zuviel über seine Wiederkunft spekuliert worden. Wir hörten die Prophezeiungen, aber er kam nicht. Dann gibt es noch ethische und moralische Motive, meist in sozialem oder politischem Gewand, aus denen heraus endzeitliche Texte nach Gutdünken zurecht gebogen werden. Es heißt dann: Die Botschaft Jesu Christi bedeutet unsere Befreiung von Angst, Sünde und Not, und ebenso unsere Befreiung von politischer Unterdrückung, von ungerechten gesellschaftlichen Verhältnissen, von Herrschaftsstrukturen. Und darum ist die Gegenwart der Mittelpunkt des christlichen Denkens. Die Welt muß verändert werden im Sinne der Befreiung von diesen unguten Verhältnissen. Jesus hat den ersten Schritt getan, und durch seine Kraft und nach seinem Beispiel werden wir es vollenden.

Aber Jesus Christus hat selbst seine Wiederkunft und deren Bedeutung für seine Nachfolge betont. Wie sein Kreuz ohne seine Auferstehung nicht vollgültig wäre, kein Beweis seiner Gottheit sein könnte, so hängen auch sein erstes und sein zweites Kommen eng zusammen. Wenn wir als sogenannte mündige Christen Wunder verneinen, dann müssen wir auch konsequent sein und Jesu erstes Kommen — als Gott in menschlicher Gestalt — verneinen. Das war nämlich auch ein Wunder. Und wir müssen die allumfassende Bedeutung seines Kreuzes auch ablehnen, weil dies Geschehen menschliche Begriffe, menschliches Wahrnehmungsvermögen übersteigt, und seine leibliche Auferstehung müssen wir genauso verneinen; auch sie ist menschlich gesehen unbegreiflich. Darum ist ein ständiger Rückblick auf Jesu erstes Kommen und eine gleichzeitige Verleugnung seines zweiten Kommens völlig inkonsequent. Das erste und das zweite Kommen Jesu bedeutet den Einbruch Gottes in diese Welt, und das ist an sich schon etwas Wundersames.

Wenn wir das Kreuz Jesu nur als Vorbild nehmen und glauben, das Leben aus der Kraft dieses Vorbildes müsse dahin führen, daß wir uns selbst nun im politischen und sozialen Sinn befreien, dann widersprechen wir im tiefsten Grunde unserem Herrn, so sympathisch das manchen auch in den Ohren klingen mag. Er hat die politische und soziale Befreiung seines eigenen Volkes abgelehnt, trotz großer politischer Not und Unterdrückung, und er lehnte es ebenfalls ab, Steine in Brot zu verwandeln — diese Versuchung kam von niemand anderem als vom Satan. Das erste Kommen Jesu offenbarte schon das Elend und die Hilflosigkeit der Menschen. Und sein zweites Kommen steht ebenfalls in Zusammenhang mit unserem menschlichen und sogar christlichen Versagen. Es steht nirgends in der Bibel, daß wir Christen unter der Gnade Gottes auch den Himmel auf Erden verkündigen sollen. Zwar sollen wir das Licht der Welt sein, auch das Salz der Erde, aber jeder Christ, der die Kirchengeschichte kennt, der ehrlich mit sich selbst ist, weiß, daß das Christentum die Welt nicht erlöst hat, daß wir trotz mancher positiven Entwicklung und inneren Befreiung versagt haben genau wie das Volk des Alten Bundes. Wir erwarten die endgültige Befreiung nicht vom Christentum, sondern von Christus selbst.

Sein erstes und zweites Kommen hängen sehr eng miteinander zusammen. Sein erstes Kommen bedeutet die Befreiung von der Knechtschaft der menschlich unerfüllbaren Gesetze — auch die Befreiung von Dunkelheit, Sünde, Leiden und Tod. Diese Befreiung geschah in den Augen Gottes und für Gott. Diese Befreiung war aber zugleich für den Menschen innerlich persönlich erfahrbar. Aber diese Befreiung von der Herrschaft der Welt, von der erdrückenden Forderung der göttlichen Gebote, ist im geschichtlichen Sinn noch nicht vollendet. Jesus betont, daß es Krieg geben wird, so lange die Welt besteht, daß Ungerechtigkeit, Leiden, Angst und Not nicht aufhören werden. Aber er fügt hinzu: Fürchtet euch nicht, ich bin bei euch alle Tage bis an der Welt Ende. Das heißt, daß die Welt zwar innerlich erlöst, in Gottes Augen freigesprochen ist, daß sie aber trotzdem im Äußeren dunkel bleibt.

Dabei darf man nicht übersehen, daß die Welt auch in uns wohnt, daß es auch tief in uns dunkelt. Darum steht die Welt nach Jesu Kommen unter einer doppelten Spannung: Jesus hat am Kreuz das Böse, Angst und Verlassenheit, Sünde und Tod überwunden, aber diese Welt hat ihn nicht angenommen, hat (wie es im Johannesevangelium steht) das Licht nicht begriffen.

Und dann herrscht diese Spannung auch in uns selbst. Wir Christen leben in zwei Welten. Wir leben einmal in einer Welt, die voller Versuchung, Angst und Not ist, oft in ungeheuer bedrängender Form, aber gleichzeitig leben wir im Licht Jesu

Christi, seiner vollkommenen Zukunft, der vollständigen Erlösung entgegen. Paulus spricht von zwei Äonen: von der Welt der verlorenen, alten Schöpfung, von Adams Welt, von der Welt der Versuchung und der Sünde und von der Welt der Zukunft, der neuen Schöpfung durch Jesu Kreuz und Auferstehung.

Darum warten wir, wartet jeder wahre Christ auf die Wiederkunft Jesu. Trotz Gottes Gnade, trotz Jesu Kreuz und Auferstehung, trotz aller positiven historischen und persönlichen Errungenschaften des Christentums haben wir die Welt im tiefsten Sinne nicht geändert. Wir haben gefehlt, weil wir Christus mißbraucht haben, weil wir ihn nach unserem Wunschbild umgeschaffen und hinter der Maske der Erlösung unseren Egoismus, unser eigenes „Christentum" proklamiert und ausgelebt haben. Wir haben gefehlt, weil die Kräfte des Bösen, trotz Jesu Kreuz, immer noch eine Herrschaft über diese Welt ausüben, und manchmal sogar über uns und über unsere Kirche.

Jesu Licht ist aber nie erloschen. Zu allen Zeiten ist sein Wort verkündigt worden. Zu allen Zeiten haben Menschen versucht, als aufrichtige Christen zu leben, zu allen Zeiten haben sie innerlich und äußerlich Widerstand geleistet gegen die Welt, gegen weltliche Macht und weltliche Herrschaft. Aber die Bibel sagt uns sehr klar, daß am Ende der Tage die Welt so dunkel sein wird wie nie zuvor. Trotz Jesu Kreuz und Auferstehung, trotz der großen Epochen des Christentums und trotz unserer geistlichen Erkenntnisse wird Jesus allein Sieger sein, der Herr, der uns in dieser dunklen Welt durch jede Not leitet. Zwar können wir als einzelne und auch als Gemeinde große Kraft aus der Nähe Christi bekommen, wir können von Angst und Verlassenheit, Sünde und Tod befreit werden, aber wir können die Welt selbst, die alte Schöpfung, nicht endgültig befreien und überwinden. Aber gerade dazu besteht ständig die Gefahr, daß wir versuchen, Jesu Kreuz und Auferstehung im Sinne unserer Gerechtigkeit zu benutzen, im Sinne unserer Politik, im Sinne unserer Mitmenschlichkeit, aber dann vielleicht nicht mehr im Sinne der Gerechtigkeit Jesu, im Sinne seiner Befreiung, im Sinne seiner allumfassenden Mitmenschlichkeit. Das Gesetz, die Forderung der Bergpredigt hat nur er allein erfüllt. Wir Menschen auf uns gestellt, stehen diesem Anspruch auf Vollkommenheit immer wieder hilflos gegenüber!

Darum müssen wir Christen lernen, in dieser Spannung, mit dieser Spannung zu leben. Zugleich aber dürfen wir aus der Kraft des Kreuzes und der Auferstehung Jesu leben. Wir wissen, daß er uns in der Not nahe ist. Wir wissen, daß wir auch unsere Freude mit ihm teilen können. Wir wissen, daß er uns freigesprochen hat von unseren Sünden, selbst vom Tod, und wir versuchen, im Bewußtsein seiner Liebe und seiner Nähe zu leben, seine Liebe an andere weiterzugeben. Aber wir wissen zugleich, daß das Dunkle immer noch tief in uns steckt, daß die Finsternis der Sünde unsere ganze Welt überdeckt. Wir leben in einer Welt voller Gewalt, voller Haß, voller Ungerechtigkeit, voller moralischer und ethischer Verworrenheit. Und darum wissen wir, daß wir die Wiederkunft Jesu Christi nötig haben, daß wir selbst endgültig befreit werden müssen, daß sein Reich unsere Dunkelheit ein für allemal überwinden wird.

Und wir brauchen die Wiederkunft Jesu Christi, damit die Welt, unsre Welt, endgültig befreit wird. Auch die Toten brauchen die Wiederkunft Jesu Christi zu ihrer Befreiung. Sein Sieg hat seinen Grund in seinem Kreuz und seiner Auferstehung, aber damals ging er allein, stellvertretend für uns alle. Bei seiner Wiederkunft gehen wir alle mit in die Auferstehung und zum Gericht. Dann wird alles Dunkel aufhören. Die Christus angehören, werden völlig erlöst werden, und die ihm nicht angehören, werden dann in die ewige Finsternis gestoßen werden.

Darum sehnen wir Christen uns nach einem Ende der alten Schöpfung. Und darum sehnen wir Christen uns nach der Zukunft, nach einer neuen Epoche, nach einer neuen Wirklichkeit, einem neuen Dasein in der Gemeinschaft Jesu Christi. Bis dahin bleiben unsere Werke trotz Gottes Gnade Menschenwerke, geprägt durch unseren Egoismus, verdunkelt durch unsere Sündhaftigkeit. Und darum ist die Welt bis dahin, historisch gesehen, nicht erlöst, sondern bleibt in einem Zustand des Wartens.

Gottes Werk ist vollkommen, alles was er tut, besteht in

Ewigkeit. Und er, unser Herr und Heiland Jesus Christus, wird kommen, um uns endgültig zu befreien. Er wird in die tiefste Dunkelheit dieser Welt kommen, um die Gefangenen zu befreien. Er wird es gewiß tun. Sein Reich komme! Gelobt sei sein Name in Zeit und Ewigkeit.

Palmsonntag

Als am nächsten Tag die große Menge, die aufs Fest gekommen war, hörte, daß Jesus nach Jerusalem käme, nahmen sie Palmzweige und gingen hinaus ihm entgegen und riefen: Hosianna! Gelobt sei, der da kommt in dem Namen des Herrn, der König von Israel! Jesus aber fand einen jungen Esel und ritt darauf, wie geschrieben steht (Sacharja 9,9): »Fürchte dich nicht, du Tochter Zion! Siehe, dein König kommt und reitet auf einem Eselsfüllen.« Das verstanden seine Jünger zuerst nicht; doch als Jesus verherrlicht war, da dachten sie daran, daß dies von ihm geschrieben stand und man so mit ihm getan hatte. Das Volk aber, das bei ihm war, als er Lazarus aus dem Grabe rief und von den Toten auferweckte, rühmte die Tat. Darum ging ihm auch die Menge entgegen, weil sie hörte, er habe dies Zeichen getan. Die Pharisäer aber sprachen untereinander: Ihr seht, daß ihr nichts ausrichtet; siehe, alle Welt läuft ihm nach.

Johannes 12,12-19

Diese Szene, Jesu Einzug in Jerusalem, ist eines der sonderbarsten Geschehnisse in unserer ganzen Bibel. Jesus hat das ganze Land Israel durchschritten, vom Norden, vom See Genezareth, bis in den Süden, um das Reich Gottes zu predigen und Menschen zu heilen als Zeichen dafür, daß das Reich Gottes in ihm, in Jesus, mitten unter ihnen sei. Dann kommt er endlich ans Ziel, zur heiligen Stadt Jerusalem, dem Mittelpunkt der Welt, wo der heilige Tempel steht, wo Gottes Name wohnt. Nun da er ans Ziel kommt, wird er von seinem Volk als König begrüßt. Welch ein königlicher Empfang: »Hosianna! Gelobt sei, der da kommt in dem Namen des Herrn, der König von Israel!« »Name« bedeutet in der Bibel »Wesen der Person«. Was will er mehr? Konnte er mehr haben? Er kommt in seine Stadt zur Zeit der Passafeier, dem Fest der Befreiung, und er kommt als Befreier, als der wahre, endgültige Loslöser. Palmzweige sind Zeichen des Königlichen, und so begrüßt ihn sein Volk mit Wort und mit Zeichen, es ist fast eine sakramentale Handlung.

Jesus ritt, wie es der Prophet Sacharja vorausgesagt hatte, der auf dem Ölberg begraben liegt, auf einem Eselsfüllen. Daß es zwei Esel waren (wie Matthäus uns überliefert), ist auch eine Zeichenhandlung. Daß sein Königtum etwas ganz Neues sein wird, das wird unterstrichen durch die zwei Esel, von denen einer vorher noch nie geritten wurde. Zu dieser Aussage Sacharjas gehören auch die Worte: »Fürchte dich nicht, du Tochter Zion! Siehe, dein König kommt, reitend auf einem Eselsfüllen.« Nochmals Wort und Zeichen, sakramental in ihrem Wesen. Und dieses »Fürchte dich nicht« bedeutet zugleich, daß Gott selbst gegenwärtig ist und daß er kommt, Heil zu bringen. Es ist ein Tag der Freude wie der Tag, an dem Maria den Engel empfing, der ihr verkündigte, daß der Herr und Heiland durch sie geboren werden sollte.

Merkwürdig, mitten in dieser so vollen, so deutlich zeichenhaften, fast sakramentalen Handlung, mitten in diesem Getümmel von erwartungsvollen Menschen steht es geschrieben, daß Jesu Jünger dieses Geschehen nicht verstanden hätten. Was soll das bedeuten? Was sie nicht verstanden haben und erst später verstehen werden, ist der Sinn und das Ziel dieses königlichen Einzugs in die Heilige Stadt. Jesus kam, um gekreuzigt zu werden und dann am dritten Tage aufzuerstehen. Jesus hat seinen Jüngern mehrmals von seinem kommenden Leiden erzählt und auch von seiner Auferstehung, und jetzt waren seine Jünger verwirrt: Er tut genau die Zeichen, die über unseren König vorausgesagt waren, aber dieser König soll doch für uns kämpfen, uns befreien, damit die ganze Welt nach Jerusalem pilgern kann, den Gott Israels in seinem Friedensreich anzubeten. Doch Jesus hat nur Leiden angekündigt und dann etwas über seine Auferstehung gesagt. Nach dem Alten Testament sollen alle Menschen an dem Tag des Herrn (Dan 12) zum Gericht auferstehen, nicht ein Mensch allein. Für die Jünger waren Wort und Zeichen ihrem Sinn nach zwei verschiedene Dinge. Er tat die Zeichen, welche sie von ihrem König erwarteten, aber Jesu Absicht war etwas ganz anderes.

Am Rande des Geschehens standen seine Gegner, die Schriftgelehrten und die Pharisäer, wartend auf den Moment, wo sie ihn fassen konnten, zuerst im Wort und dann in der Tat. Volksverherrlichung bedeutet ihnen wenig, denn dieser Jesus von Nazareth stellte sich über die Schrift an Gottes Stelle, redete und handelte, als sei er Gott selbst. Dabei waren die Schriftgelehrten und Pharisäer doch

107

Hüterter der Schrift. Gottes Wort, und zwar Gottes Wort, wie sie es verstanden, spielte hier die erste Rolle.

Was ging in Jesus vor? Niemand weiß es. Wir können nur unsere eigenen, von der Bibel geprägten Vorstellungen haben. In dem Jesusfilm (Hänssler-Verlag), welcher in jeder Hinsicht wörtlich historisch getreu ist, sehen wir einen strahlenden Jesus, der empfangen wird wie es sich gebührt: von seinem geliebten Volk als König der Juden. Vielleicht strahlend, weil er weiß, so wird es am Ende geschehen, wenn er wiederkommt, Israel zu erretten. Aber in einer ebenso textgetreuen Kinderbibel steht, daß Jesus mit Tränen in seinen Augen einritt, nicht Tränen der Rührung, sondern der Trauer, weil der wahre Sinn und das Ziel seines Einzugs in Jerusalem von niemand erkannt wurde.

Das Volk stellt ganz andere Erwartungen an ihn. Es wird von ihm abfallen in der Stunde, in der er den Mächten und Kräften der Dunkelheit ausgeliefert wird, eben den Mächten und Kräften in uns selbst. Seine Gegner haben ganz und gar recht, wenn sie Volksverehrung mit Verdacht und Vorsicht genießen. Aber sie stehen gegen Jesus, obwohl die Heilige Schrift, die sie vertreten, allein durch Jesus erfüllt wird, sie aber nur ihre eigenen Vorstellungen vom Verlauf der Geschichte haben. Und seine Jünger bieten ihm, wie in der ganzen Passionszeit, keinen Rückhalt, keinen Trost, denn sie versagen ganz und gar, Sie verstehen das alles nicht: seinen Einzug in Jerusalem und seine Vorstellung von Leiden und Auferstehung. Später versagen sie weiter und verleugnen ihn, nachdem sie im Garten Gethsemane versagt haben und dreimal eingeschlafen sind, statt mit ihm zu wachen, und dann beim Kreuz versagen sie völlig - wie die Schafe, die ohne Hirten ratlos in die Irre gehen.

Der Palmsonntag bietet ein Bild äußerlichen Jubels und einer inneren Leere; ein hohler Empfang für Jesus von seinem eigenen Volk, sogar von seinen Jüngern. Was bedeutet das heute für uns? Genau das gleiche wie damals. Er geht seinen Weg, und wir gehen den unseren, einen anderen: falscher Empfang, falsche Deutung, innere Gegnerschaft.

Die Pharisäer und Schriftgelehrten von heute sind nicht mehr die Priester, sondern die Alltagsmenschen, die sagen: »Das ist nicht mein Heiland, mein König; der geht mich nichts an!« Solche Menschen lehnen Jesus ab, weil sie wie die damaligen Pharisäer und

Schriftgelehrten letzten Endes selbst herrschen und sich in ihrem Tun und Lassen von Gott nicht dreinreden lassen wollen. So glauben viele unter uns, sie werden auferstehen und zu Gottes Reich gehören, ohne daß sie hier, und zwar täglich, mit Jesus Christus gelebt haben. Manche legen ein Lippenbekenntnis ab, indem sie ab und zu einmal beten, aber mehr als ein Lippenbekenntnis bedeutet es nicht, da es nicht aus ihrem Herzen kommt. Sie übergeben ihre Person nicht Jesus, sie halten die Regie ihres Lebens immer noch in den eigenen Händen. Einfach gesagt, die Schriftgelehrten und Pharisäer unserer Zeit sind unsere Namenchristen, die große Masse von Menschen, die Jesus nicht als wahren Herrscher und König über ihre eigene Person anerkennen wollen.

Das damalige Volk war angesteckt von messianischen Erwartungen. Es begrüßte Jesus tatsächlich als seinen König, ohne sein wahres Wesen, sein Kreuz, sein kommendes Leiden zu ahnen. Als Jesus seine Macht und Kraft nicht zeigte gegen ihre politischen Feinde, die Römer, fielen sie zum großen Teil ab. Solche Volksbewegungen, Volkserwartungen mit falschem Ziel und Inhalt haben wir oft genug erlebt in der Geschichte. Hier in Deutschland zum Beispiel vor fünfzig Jahren.

Und dann seine Jünger. Was sollen wir von diesen Jüngern sagen, die so lange mit Jesus gelebt, alles von ihm gehört haben über sein kommendes Leiden und seine Auferstehung und die das alles nicht wahrhaben wollen? Was sollen wir sagen zu Jesu Verhalten diesen Jüngern gegenüber? Was zu seinem Ausspruch Petrus gegenüber: »Ich habe für dich gebeten, daß dein Glaube nicht aufhöre«? Warum tut Jesus das, wenn seine Jünger so schwer belehrbar sind, ihn einfach nicht richtig verstehen?

Die Antwort wird heißen: er hat mit seinen Jüngern eine neue Familie gegründet, welche mit dem Heiligen Abendmahl zu einem neuen Bund wird. Er will uns, seinen Jüngern, zeigen: Trotz allen euren Verfehlungen, auch hier im entscheidenden Moment, halte ich zu euch. Ihr gehört mir. Und gerade dieses zu Jesus Gehören bedeutet, daß er allein über uns verfügt und nicht wir über ihn. Natürlich verdeutlicht gerade auch das Versagen der Jünger, warum er zu uns kommen mußte, nämlich uns von uns selbst zu erlösen. Denn ohne ihn sind wir alle hoffnungslos verloren.

Palmsonntag wie Karfreitag zeigen ein für allemal unser Versagen, auch als Jünger Jesu — aber genauso seinen Sieg. Dieser tritt besonders deutlich in unserer Schwäche zutage. Jesus spricht sein Ja zu uns, gerade wenn wir unser Nein zu ihm aussprechen. Er hat uns erwählt und nicht wir ihn, und jeder von uns kann ganz und gar sein Vertrauen auf ihn setzen, daß er uns wie den verleugnenden Petrus zu sich zurückrufen wird aus unserem Versagen. Er gibt uns nicht auf, auch wenn wir uns abgewandt haben, aber wehe uns, wenn wir seinen Bußruf nicht hören wollen. Gerade am Palmsonntag ertönt er: »Hosianna! Gelobt sei, der da kommt in dem Namen des Herrn, der König von Israel.« Dieser Ruf muß verstanden werden, wenn wir die Königsherrschaft in seinem Kreuz, in seinem hingebenden Leiden anerkennen wollen. Er ruft uns zu ihm, der unser König sein will, der die Herrschaft über uns gewinnen und behalten will.

Pfingsten

Als der Pfingsttag gekommen war, waren sie alle an einem Ort beieinander. Und es geschah plötzlich ein Brausen vom Himmel wie von einem gewaltigen Wind und erfüllte das ganze Haus, in dem sie saßen. Und es erschienen ihnen Zungen zerteilt, wie von Feuer; und er setzte sich auf einen jeden von ihnen, und sie wurden alle erfüllt von dem Heiligen Geist und fingen an, zu predigen in anderen Sprachen, wie der Geist ihnen gab auszusprechen. Es wohnten aber in Jerusalem Juden, die waren gottesfürchtige Männer aus allen Völkern unter dem Himmel. Als nun dieses Brausen geschah, kam die Menge zusammen und wurde bestürzt; denn ein jeder hörte sie in seiner eigenen Sprache reden. Sie entsetzten sich aber, verwunderten sich und sprachen: Siehe, sind nicht diese alle, die da reden, aus Galiläa? Wie hören wir denn jeder seine eigene Muttersprache? Parther und Meder und Elamiter und die wir wohnen in Mesopotamien und Judäa, Kappadozien, Pontus und der Provinz Asien, Phrygien und Pamphylien, Ägypten und der Gegend von Kyrene in Libyen und Einwanderer aus Rom, Juden und Judengenossen, Kreter und Araber: wir hören sie in unsern Sprachen von den großen Taten Gottes reden. Sie entsetzten sich aber alle und wurden ratlos und sprachen einer zu dem andern: Was will das werden? Andere aber hatten ihren Spott und sprachen: Sie sind voll von süßem Wein.

Da trat Petrus auf mit den Elf, erhob seine Stimme und redete zu ihnen: Ihr Juden, liebe Männer und alle, die ihr in Jerusalem wohnt, das sei euch kundgetan, und laßt meine Worte zu euren Ohren eingehen! Denn diese sind nicht betrunken, wie ihr meint, ist es doch erst die dritte Stunde am Tage; sondern das ist's, was durch den Propheten Joel gesagt worden ist (Joel 3,1-5): »Und es soll geschehen in den letzten Tagen, spricht Gott, da will ich ausgießen von meinem Geist auf alles Fleisch; und eure Söhne und eure Töchter sollen weissagen, und eure Jünglinge sollen Gesichte sehen, und eure Alten sollen Träume haben; und auf meine Knechte und auf meine Mägde will ich in

*jenen Tagen von meinem Geist ausgießen, und sie sollen weis-
sagen.«* Apostelgeschichte 2,1-18

Niemand soll sich an das Pfingstgeschehen im Neuen Testament
wagen, ohne ein tiefes Verständnis seines alttestamentlichen Hin-
tergrunds. Dieser ist vierfach: die Geschichte vom Turmbau zu Babel; das jüdische Pfingstfest, auch Bundesfest, Wochenfest genannt;
das Sefirah, die fünfzig Tage vom Exodus bis zum Bundesschluß
am Sinai; die Ausgießung des Heiligen Geistes auf Mose und die
siebzig Ältesten (4. Mose 11).

Der Herr, der Gott Israels, schuf die Welt durch sein Wort. Der
Gesetzespsalm 119 sagt uns: »Dein Wort ist meines Fußes Leuchte
und ein Licht auf meinem Wege.« Das Wort Gottes, das gepredigt
wird, und im Alten Testament das prophetische Wort, ist der Weg
zur Umkehr, zurück zum lebendigen Gott Israels. Das Wort aber
wurde verwirrt in der Urgeschichte, beim Turmbau zu Babel. Gott
verwirrte sein lebenbringendes Wort, weil die Menschen sich an Gottes Stelle hatten setzen wollen (Erbsünde). Als Israel berufen wurde, war das Wort nur für dieses eine Volk verständlich. Aber Jesus
Christus befahl als Auferstandener, als »das Wort, welches Fleisch
geworden ist« seinen Jüngern, zu allen Völkern zu gehen mit dem
Wort seines Sieges. Aber wie können sie das erreichen, nachdem
das Wort verwirrt war, verteilt unter viele Völker mit ihren
Sprachen?

Das Wortwunder zum neutestamentlichen Pfingsten, als die Jünger in anderen Sprachen anfingen zu verkündigen, ist zeichenhaft
die Wiederherstellung der Einheit von Gottes Wort in und durch
Jesus Christus, das Wort Gottes für alle Völker.

Das sogenannte Pfingstfest, Bundesfest oder Wochenfest, war,
wie alle alten israelitischen Feste, zuerst ein Fest in Verbindung mit
Wachstum und Ernte. Aber mit der Zeit bekam dieses Fest auch
eine tiefe theologische Bedeutung. Hier wird die Übergabe der zehn
Gebote an Mose auf dem Berg Sinai und auch der Bundesschluß
des alten Bundes gefeiert. Aber unser neutestamentliches Pfingstfest erinnert auch an einen Bundesschluß, oder besser gesagt, an
die Auswirkung dieses Bundesschlusses. Denn der neue Bund wurde eigentlich mit der Einsetzung des heiligen Abendmahls am Grün-
donnerstag gegründet - »... nehmet und trinket, das ist mein Blut

des neuen Bundes«. Der alte Bund ist kein missionarischer Bund, sondern ein historischer, gesetzlicher Leidensbund. Durch den neuen Bund, seit der Ausgießung des Heiligen Geistes, soll das Wort des Evangeliums zu allen Völkern gebracht werden, das Wort, daß das Ziel der Berufung Abrahams (durch dich werden gesegnet alle Völker auf Erden) jetzt in Jesus Christus gegenwärtig ist. Der alte Bund hat mit Stein (tot, todbringend), mit den Gesetzestafeln zu tun, aber mit dem neuen Bund, wie die Propheten Jeremia und Hesekiel vordeuteten, wird das lebendige Wort Gottes ins Fleisch, ins Herz hineingeschrieben werden. Das ist der Hintergrund der Ausgießung des Heiligen Geistes zum neutestamentlichen Pfingstfest.

Es waren genau fünfzig Tage zwischen dem Exodus des israelitischen Volkes aus Ägypten und dem Bundesschluß am Sinai. Diese fünfzig Tage (hebr. Sefirah) haben eine besondere Bedeutung im Alten Testament, denn fünfzig, sieben mal sieben plus eins, ist auch die Zahl für das heilige Jahr und damit für Gottes Frieden, sein Ans-Ziel-Kommen für das Volk und das Land. Nach jüdischer Tradition soll jeder Jude sehr bewußt diese »Sefirah« miterleben, die fünfzig Tage bewußt mitzählen, die Tage von der Befreiung bis zum Bundesschluß. Auch für uns Christen sind diese fünfzig Tage zwischen Jesu Auferstehung von den Toten und dem Pfingstfest sehr wichtig, sind sie doch das Zeichen der endgültigen Befreiung vom Tod und bestätigen den neuen Bund durch die Ausgießung des Heiligen Geistes. Nun sollten alle Völker auf Erden mit dem Wort von dem neuen, historischen, missionarischen Leidensbund in und durch Jesus Christus erreicht werden.

Daß das Grundthema von Pfingsten zurückreicht bis in die ältesten Schichten des Alten Testaments wird nicht nur bestätigt durch die Beziehung zur Geschichte vom Turmbau zu Babel, sondern auch in der Thematik »Heiliger Geist«. »Und der Geist Gottes schwebte auf dem Wasser.« So kommt dieser Geist Gottes zum ersten Mal gleich im Anfang vor im Alten Testament. In 4. Mose 11 wird der Geist auf Mose und die siebzig Ältesten, stellvertretend für das ganze Volk, ausgegossen. Seither ist er da und lebt und wirkt. Hat nicht Paulus in Römer 9 betont, daß der Gottesdienst immer noch eine Gabe Israels ist, auch nach ihrer Ablehnung Jesu Christi? Gibt es denn überhaupt einen wahren Gottesdienst (nicht Menschendienst!) ohne den Heiligen Geist? Aber die Funktion des Heiligen Geistes im alten Bund ist nicht missionarisch, sondern im Sinne eines Leidensbundes (Bluttaufe). Dieses Thema »Heiliger Geist« entwickelt sich weiter in der Prophetie wie bei Hesekiel, wo Gottes Geist den Propheten aufruft und führt. In Joel 3 wird unser neutestamentliches Pfingstereignis vorgedeutet, denn hier ist von einer allgemeinen Ausgießung des Geistes die Rede, nicht von einer stellvertretenden wie in 4. Mose 11. Und bei der Pfingstpredigt des Petrus ist Joel 3, wie Petrus selbst sagte, in Erfüllung gegangen. Die Jünger waren alle versammelt am selben Ort, und zwar in einem Haus. Das neue Haus Israel wird hier bestätigt und ausgerüstet mit Gottes heiligem Geist, mit der Kraft seines Wortes. Wind und Feuer sind Zeichen der Gotteserscheinung. Dies hatte Elia erlebt, sogar im leisen Säuseln des Windes als eine Vordeutung des innigen Wehens der Barmherzigkeit Jesu Christi. »Und es erschienen ihnen Zungen«, als Ort des Wortes, »und sie alle fingen an, zu predigen in anderen Zungen.« Hier ist die Erfüllung von Joel 3 die pfingstliche Antwort zum Babelturm und zugleich der Aufruf, Jesu Missionsbefehl zu erfüllen, auf daß alle Völker auf Erden in Jesus Christus gesegnet werden könnten. Die lange Liste von Völkern, die dabei waren, verdeutlicht, daß das Pfingstfest ein Opferfest war. Seit dem König Josia um 620 v. Chr. durfte nur im Tempel in Jerusalem geopfert werden. Deswegen waren so viele Völker anwesend. Mittelpunkt des ganzen Pfingstgeschehens ist aber nicht dieses äußere Wunder, sondern die Predigt des Petrus. Das Kennzeichen von Pfingsten, die Ausgießung des Heiligen Geistes, ist nicht äußeres Stammeln, Zungenreden, irgendein Wunder oder inneres Erlebnis, sondern das Wort Gottes, welches in Jesus Christus Fleisch geworden ist. Dieses Wort richtet und erhebt. Der Heilige Geist weht nur durch das Wort und nicht durch subjektive Erlebnisse mancher Sektierer. Das Wort ist die Kraft des Lebens, der Schöpfungsmittler, das neue Leben in Jesus Christus.

Wie die Jünger und das Volk alle an einem Ort versammelt waren, so sind wir, seine Gemeinde, jetzt im Gotteshaus am gleichen Ort versammelt. Das mahnt uns, daß wir im neuen Bund aneinander gebunden, miteinander verbunden sind. Wir sind Brüder und Schwestern. Wir gehören zusammen zur neuen Familie Gottes in Jesus Christus.

Was predigte ihnen Petrus? Er predigte Jesus Christus auf dem

Hintergrund der biblischen Verheißung. Historische Predigt ist biblische Predigt, ob im Alten Testament wie die prophetischen Predigten Hesekiels (Kapitel 16, 20 und 23) oder wie im Neuen Testament die Predigt des Stefanus. Jede wahre biblische Predigt ist historische Predigt, denn wir müssen Jesus Christus als den Erfüller dessen bezeugen, was im Alten Testament verheißen ist. Wenn wir den alttestamentlichen Hintergrund nicht mehr vor Augen haben, können wir Jesus im wahrsten und tiefsten Sinne nicht mehr verkündigen. Umkehr, prophetischer Ruf ebenso auch Gebet dazu setzt dieses geschichtliche Wirken Gottes voraus.

In einer seiner ergreifendsten Erzählungen zeigt der sehr prophetisch bewußte jüdische Dichter Franz Kafka, daß historische Predigt auch meine persönliche Predigt ist. Er erzählt, wie ein Mann in eine leere Kirche trat, um sich vor dem Regen zu schützen. Plötzlich, es war nicht die Zeit des Gottesdienstes, erscheint der Pfarrer, steigt auf die Kanzel und predigt diesem Mann seine Geschichte. Kafka zeigt hier in letzter Tiefe, was Predigt wirklich bedeutet, was sie beinhalten soll: nicht unsere Klugheit, auch nicht unsere Wünsche, sondern das Wort (wie Jeremia und Hesekiel das vordeuteten) dringt in unser Herz.

Meine historische Predigt schildert die Zeit der Erfahrung meiner Bekehrung zu Jesus Christus, wie ich persönlich getroffen wurde, ganz ähnlich wie es den 3 000 Juden zu Pfingsten erging, nur eben in der heutigen Gegenwart.

Diese Predigt bezeugt, wie das Wort Gottes, der Tröster, der Heilige Geist, uns seither geführt hat durch die Zeiten der Not und der Freude.

Zusammenfassend wird diese Predigt über unseren Weg seit der Bekehrung berichten, der uns zur Mission hinführte, denn das Ziel, auf welches Pfingsten zusteuert, ist Mission. Was mich gerichtet und aufgerichtet hat, muß ich weitergeben: das lebendige Wort Gottes. Pfingsten hat heute nur Bedeutung, wenn wir selbst bekehrt sind, wenn wir selbst diese geschichtliche, tröstliche Erfahrung mit Gottes Wort gemacht haben. Das müssen wir weitergeben, weil das Wort Gottes in unseren Herzen brennt wie bei den Jüngern zu Pfingsten.

Was bedeutet eigentlich Nächstenliebe

In den Tagen aber, da der Jünger viel wurden, erhob sich ein Murren unter den griechischen Juden in der Gemeinde wider die hebräischen, darum daß ihre Witwen übersehen wurden bei der täglichen Versorgung.

Da riefen die Zwölf die Menge der Jünger zusammen und sprachen: Es taugt nicht, daß wir das Wort Gottes versäumen und zu Tische dienen.

Darum, ihr lieben Brüder, sehet euch um nach sieben Männern, die einen guten Ruf haben und voll heiligen Geistes und Weisheit sind, welche wir bestellen mögen zu diesem Dienst.

Wir aber wollen anhalten am Gebet und am Amt des Wortes. Und die Rede gefiel der ganzen Menge wohl; und sie erwählten Stephanus, einen Mann voll Glaubens und heiligen Geistes, und Philippus und Prochorus und Nikanor und Timon und Parmenas und Nikolaus, den Judengenossen von Antiochien.

Diese stellten sie vor die Apostel; die beteten und legten die Hände auf sie.

Und das Wort Gottes breitete sich aus, und die Zahl der Jünger ward sehr groß zu Jerusalem. Es wurden auch viele Priester dem Glauben gehorsam.

Apostelgeschichte 6, 1–7

Was uns heutzutage an diesem Text vielleicht am meisten erstaunt, ist die Antwort der Jünger, als sie merken, daß Versäumnisse im sozialen Bereich vorhanden waren. Statt den sozialen Bereich nun an die erste Stelle zu rücken, weil Nächstenliebe das Christsein in die Tat umsetzt, statt Verkündigung und Gebet in den Bereich der Theorie zu verweisen, antworten die Jünger: „Wir selbst aber wollen weiter mit Gebet und Predigt dienen." Das paßt sicher nicht in das Bild vom Evangelium, das viele moderne Menschen haben, die die sozialen und politischen Belange in den Mittelpunkt stellen möchten, die sich nur mit den Unterdrückten beschäftigen und die Predigt und Gebet rein sozialpolitisch geprägt sehen möchten. Sie fühlen sich bedrückt durch die ungleiche Aufteilung der Güter dieser Welt, durch Hungersnöte und Unmenschlichkeit und möchten das vom Evangelium her geändert sehen.

Die Antwort der Jünger ist die gleiche wie die Antwort Jesu Christi. Auch er ließ sich nicht so in die nationale und soziale Frage hineinziehen, daß er sie als Mittelpunkt unseres Daseins bewertet hätte. Für ihn stand an erster Stelle die Frage nach Gott, die Frage nach seiner Herrschaft und Allmacht und die Frage nach Sünde und Tod, die unseren Geist und Körper verstrickt. Jesus hätte die Möglichkeit gehabt, die nationale Frage zu beantworten und zu bereinigen, die Juden von den Römern, von ihren schrecklichen Unterdrückern zu befreien, aber er tat es nicht.

In den Augen der damaligen Juden war das sicher auch unmenschlich. Jesus Christus war in der Lage, die tiefste soziale Frage aller Zeiten ein und für allemal zu beantworten, als der Satan ihn versuchte, Steine in Brot zu verwandeln. Seine Antwort hieß: „Der Mensch lebt nicht vom Brot allein, sondern von jedem Wort, das aus Gottes Mund kommt."

Seine Antwort ist vielleicht für die meisten Menschen heutzutage ein Ärgernis — auch für viele Christen —, aber seine Antwort ist Gottes Antwort. Priorität für Jesus Christus und seine Jünger hat weder die politische Frage, die in dieser Zeit der Unterdrückung bestimmt sehr aktuell war, noch die soziale Frage, die damals — wie heute — ebenfalls „auf den Nägeln brannte", *sondern* die religiöse Frage, die Frage nach der Herrschaft Gottes. Warum war das so? Nicht weil die politischen Probleme unwichtig wären, oder weil Hunger und physische Not übersehen werden dürfte — Jesus hat ja selbst den Bedürftigen geholfen, wo er ihnen begegnete —, sondern weil es im Tiefsten um Gottes Heil, Gottes Zusage, Gottes Vollendung geht.

Der hungrige Mensch braucht Brot, um zu leben. Ihm nur Gottes Wort zu predigen, wäre zu wenig. Aber jeder Mensch hat nicht nur einen Körper — als Gottes höchstes Geschöpf hat er Körper, Geist und Seele, und die Wahrheit Gottes, seine Herrschaft, umfaßt alle diese Bereiche. Die Nähe Gottes im Gebet, die Überwindung unserer Sünde und unseres Todes am Kreuz Jesu geben die letzte tiefste Antwort auf die Fragen unseres Menschseins. Da bleibt nichts offen. Die Lust befriedigt unseren Körper — wenigstens versuchen wir es mit diesem Weg —, aber die Liebe umfaßt unsere ganze Person: Geist, Seele und Leib. Darum ist Liebe mehr als Lust. Wenn Brot das zentrale Problem der Welt wäre, dann könnten wir uns vielleicht nach und nach von der Armut zur Sattheit hocharbeiten. Die tiefste Armut in der Welt findet sich heute nicht in der dritten und vierten Welt, sondern bei uns. Wir denken mehr an unseren Körper, an unser physisches Wohlbefinden als an anderes, und wir messen die ganze Welt nach ihrem äußeren Reichtum. Tatsache ist, daß die Dritte Welt viel reicher ist als wir, reicher im Geist, im Glauben, im Wissen darum, daß der Mensch zwar Brot braucht, aber daß Brot nicht die endgültige Antwort auf seine Probleme ist. Brot brauchen diese Menschen wie jeder andere, aber in den ärmsten Teilen Afrikas wächst der christliche Glaube so stark, daß in einer Gemeinde jeden Sonntag Hunderte von Taufen stattfinden, daß manche Gemeindeglieder 30 bis 40 Kilometer weit mit einem Ochsengespann in die Kirche fahren. Das ist wahrer Reichtum in äußerer Armut. Ich möchte nicht falsch verstanden werden. Wir sollen die Hungrigen stättigen, so weit wir dazu in der Lage sind. Aber neben ihrem physischen Hunger hungert ihr Geist nach Gott. Und wir Übersatten denken nur an ihre äußere Armut und unseren äußeren Reichtum, ohne zu merken, wie arm wir im Geist, in Gott sind und wieviel wir von ihnen zu lernen haben.

Kehren wir zu unserem Text zurück. Mancher mag sich darüber wundern, welche Leute hier als Almosenpfleger gewählt werden. Man suchte nicht besonders tüchtige Menschen, mit entsprechender Ausbildung oder Erfahrung auf diesem Gebiet, sogenannte Spezialisten, wie wir sie heutzutage haben. Man wählt statt dessen Leute, „die einen guten Ruf haben und voll heiligen Geistes und Weisheit sind". Voraussetzung für echte soziale Arbeit ist demnach der Glaube, der vom Heiligen Geist gewirkt ist, und die Weisheit, die biblisch gesehen mit der Erkenntnis Gottes gleichgesetzt wird. Hier erhebt sich die Frage: Ist soziale Arbeit nicht eine rein menschliche Angelegenheit, und ist darum nicht die menschliche Begabung auf diesem Gebiet viel wichtiger als die Tiefe des Glaubens? Fragen wir Sozialarbeiter nach ihrem Glauben, gehen wir ins Sozialamt und erwarten, daß eine Bibel auf dem Tisch liegt, oder erwarten wir nur äußere Hilfe von denen, die doch viel mehr geben sollten?

Die moderne Wohltätigkeit birgt große Gefahr in sich. Wie viele Reiche spenden etwas, um sich ein gutes Gewissen damit zu erkaufen und die Steuervergünstigung auszunutzen, aber ohne einen tieferen, echten, persönlichen Kontakt mit der Not. Wie viele bekommen im modernen Sozialstaat Brot, Geld, Hilfe für ihre physischen Bedürnisse, aber keine Hilfe für ihre geistliche Not. Die Hilfe wird meist unpersönlich gewährt, der leidende Mensch als Gegenstand betrachtet, nicht als vollwertiger Mensch. Aber im tiefsten Grund ist es doch so: wenn wir physische Not leiden, wenn wir arm und krank sind, brauchen wir ja doch weit mehr als nur äußere Hilfe, mehr als mitmenschlichen Kontakt und Anteilnahme. Wir brauchen dann besonders das, was der Mensch ohnehin nötig hat: eine Antwort auf die Frage nach dem Sinn unseres Lebens, ein sinnvolles Leben. Äußere Hilfe und menschliche Anteilnahme sind einfach nicht genug. Und darum werden in der Apostelgeschichte die sieben Almosenpfleger nach religiösen Maßstäben ausgewählt, nach der Tiefe ihres Glaubens und ihrer Erkenntnis des Herrn.

Weil jeder Mensch in Jesu Augen einen tiefen Wert hat, darum starb der Herr für uns, für jeden einzelnen von uns. „Was ihr einem von diesen meinen geringsten Brüdern getan habt, das habt ihr mir getan." Diese Aussage geht weit über die moderne Aufforderung zur Mitmenschlichkeit hinaus. Sie besagt, daß uns in jedem Menschen Jesus Christus begegnet. Darum soll unsere Anteilnahme umfassend sein und in die tiefsten Schichten der Not gehen, bis in den Bereich von Sünde, Angst und seelischer und geistlicher Verlassenheit.

Wer das Wort vom Kreuz Jesu unter arme, elende, leidende Menschen bringt, bringt ihnen das Licht. Er bringt ihnen die Botschaft, daß der Herr selbst sie liebt. Er bringt das Wort des lebendigen Gottes, das völlige „Ja" zu uns am Kreuz, die Nachricht, daß Jesus für unsere Sünde gestorben ist, daß er unsere Armut und Not, Verlassenheit und Krankheit mit uns und für uns getragen hat und für immer tragen will. Soziale Arbeit erfüllt nur dann ihre Aufgabe wirklich, wenn den Armen, den Verlassenen, den Kranken, den Menschen in Not nicht nur ihre körperlichen Bedürfnisse befriedigt werden — so wichtig das auch ist —, sondern wenn ihr ganzes Leben in Ordnung gebracht wird — auch Geist und Seele. Wir leben im Westen in einer Welt großen äußeren Reichtums und schrecklicher, innerer, geistiger Armut.

Das wird unter anderem erkennbar an der drastisch steigenden Selbstmordziffer, durch die enorm verbreitete Abhängigkeit von Alkohol und Drogen und durch die schreckliche Verlassenheit der Armen, Kranken und Alten unter uns. Viele der Letzteren bekommen das, was sie äußerlich zum Leben brauchen, gesellschaftlich aber sind sie in die Ecke geschoben, man beachtet sie nicht mehr, weil sie nicht mehr jung sind, nicht gut aussehen, nicht reich und gesund sind und weil wir denken, wir brauchten sie nicht mehr. Unsere Gesellschaft ist reich, und sie ist äußerlich betrachtet in sozialer Hinsicht viel gerechter, als man das in der Vergangenheit oft war, aber gleichzeitig ist unsere Gesellschaft krank, sozial krank. Das Hauptkennzeichen dieses Kranksein liegt darin, daß eine ständig zunehmende Zahl von Menschen keinen Sinn mehr im Leben findet, kein Ziel mehr hat. Die Gesellschaft ist krank, weil so wenig Menschen sich wirklich um ihren Nächsten *sorgen*. Wie oft kann man von Auswanderern aus dem Osten hören: Politisch sind wir hier zwar frei, aber dort haben sich wenigstens die Nachbarn um ihren Nächsten gekümmert, und nicht nur um das eigene Vorwärtskommen. Das bedeutet keine Anerkennung für das unmenschliche kommunistische System, denn diese Pflege der nachbarlichen Beziehungen gehört zu einer alten Tradition. Aber unter uns wird diese Tradition zunehmend abgebaut.

Die Lösung dieser großen sozialen und persönlichen Not ist weder durch Bürokratie und durch Gesetze allein zu ermöglichen, noch dadurch gegeben, daß mehr Menschen wirkliche Mitmenschlichkeit üben. Das tiefste Problem, schlimmer als Armut, Alter, Krankheit, Einsamkeit und Identitätsverlust ist, daß wir ohne Sinn und Ziel, ohne echte Aufgabe leben,

55

ohne eine positive Werteinstellung zu jeder Lebensphase, nicht nur zu der des Jungseins. Und eine grundsätzliche Antwort auf diese Frage nach dem Sinn des Lebens, nach dem Warum und Wieso, kann nur vom Glauben her gegeben werden. Der Herr Jesus Christus liebt uns nicht nur theoretisch, sondern in jeder Minute unseres Lebens ist er für uns da, das hat er am Kreuz bewiesen. Er fordert jeden auf: „Kommet her zu mir alle, die ihr mühselig und beladen seid, ich will euch erquikken." Nur in ihm, nur durch ihn kann unser Leben einen wahren und dauerhaften Sinn bekommen. Er beurteilt uns nicht nach unserem äußeren Reichtum, nach Erfolg und Klugheit, nach unserem Jungsein, nach dem, was wir ihm geben können, sondern je größer unsere Not ist, desto näher ist er uns. Er ging zu den Ärmsten und Verachtetsten seiner Zeit, und das gleiche Angebot gilt heute noch für jeden von uns.

Darum haben die Jünger als Sozialarbeiter, als Almosenpfleger diejenigen gewählt, die zwar nach menschlichen Maßstäben vielleicht nicht die Erfahrensten waren, sondern sie wählten Menschen aus, die voll heiligen Geistes und Weisheit Gottes waren, die sein Licht in die Finsternis der Elenden hineinbrachten, in die Tiefe ihrer Verlassenheit, ihres Verachtetseins und − nach den Maßstäben einer unmenschlichen, weil unchristlichen Gesellschaft − ihrer Nutzlosigkeit.

Die heilige Taufe

Was sollen wir nun sagen? Sollen wir denn in der Sünde beharren, damit die Gnade um so mächtiger werde? Das sei ferne! Wie sollten wir in der Sünde leben wollen, der wir doch gestorben sind? Oder wißt ihr nicht, daß alle, die wir auf Christus Jesus getauft sind, die sind in seinen Tod getauft? So sind wir ja mit ihm begraben durch die Taufe in den Tod, damit, wie Christus auferweckt ist von den Toten durch die Herrlichkeit des Vaters, auch wir in einem neuen Leben wandeln. Denn wenn wir mit ihm verbunden und ihm gleichgeworden sind in seinem Tod, so werden wir ihm auch in der Auferstehung gleich sein. Wir wissen ja, daß unser alter Mensch mit ihm gekreuzigt ist, damit der Leib der Sünde vernichtet werde, so daß wir hinfort der Sünde nicht dienen. Denn wer gestorben ist, der ist frei geworden von der Sünde. Sind wir aber mit Christus gestorben, so glauben wir, daß wir auch mit ihm leben werden, und wissen, daß Christus, von den Toten erweckt, hinfort nicht stirbt; der Tod kann hinfort über ihn nicht herrschen. Denn was er gestorben ist, das ist er der Sünde gestorben ein für allemal; was er aber lebt, das lebt er Gott. So auch ihr, haltet dafür, daß ihr der Sünde gestorben seid und lebt Gott in Christus Jesus.

Römer 6,1-11

Paulus verdeutlicht hier ganz genau, was die Taufe wirklich sein soll, was es heißt, hineingetauft zu werden in Jesu Tod und dann herausgeholt zum Leben, zum ewigen Leben in ihm. Damit wird dieses Taufwasser zugleich Zeichen für Tod: Die ersten Christen, wie ja auch Jesus, wurden bei der Taufe im Wasser untergetaucht und dann aus dem Wasser zum neuen Leben in Jesus, vom Tod zur Auferstehung herausgeholt.

Kann man so etwas über einem Säugling sagen? Wäre es nicht besser, nur Menschen zu taufen, welche sich für Jesus entschieden haben? Ist nicht die Säuglingstaufe mehr zu einer Form geworden, daß Menschen sich selbst zwar für Christen halten, wenn sie getauft sind, aber vielleicht gar nicht mit Christus wirklich leben? Gibt es

Säuglingstaufen im Neuen Testament? Diese Fragen, welche nicht nur von Freikirchlern heute gestellt werden, sind äußerst aktuell, und wir wollen hier biblische Antworten dazu suchen.

Wir sind, wie Paulus es deutlich sagt, in Jesu Tod getauft, wie das zuerst war und immer noch sinnbildlich geschieht, unter Wasser, in den Bereich des Todes gegeben. Die, welche so große Betonung auf unsere Entscheidung für Christus in Beziehung zur Taufe legen, sollen sich aber folgende Frage stellen: Wer eigentlich unter seinen Jüngern hatte sich für Jesus entschieden, als er gekreuzigt wurde? Keiner, gar keiner! Die Jünger gingen, wie der Prophet Sacharja voraussagte, in die Irre. Nur Johannes war bei der Kreuzigung dabei, und zwar aus Liebe und Pflicht, aber nicht aus Glauben. Während Jesus stundenlang am Kreuz hing, bekannte Johannes sich nicht zu ihm als seinem gekreuzigten Heiland. Einfach gesagt: Jesus hat sich am Kreuz für seine Jünger entschieden, als sie ihn im Stich ließen, nicht umgekehrt. Wir sind in seinem Kreuz getauft. Seine Entscheidung für uns geht unserer Entscheidung für ihn voraus. Deswegen sagte Luther so deutlich, daß wir Säuglinge taufen, die zuerst gar keine Ahnung haben vom Kreuzesheil, wie die Jünger, die damals auch gar keine Ahnung davon hatten.

Wer aber mit Christus gekreuzigt wird, der wird mit ihm auferstehen, der wird in ihm wahres und ewiges Leben haben. Das gehört zu des Paulus zentraler Aussage. Hier wird die Taufe als Angebot angesehen, genauso wie es das Kreuz ist. Wer diese Taufe, Jesu Kreuz, annimmt und gekreuzigt wird mit seinem Heiland, der wird mit ihm auferstehen. Die Jünger haben den gekreuzigten und auferstandenen Herrn nicht aus eigener Entscheidung angenommen, sondern weil Jesus so entschieden hat, ist er ihnen erschienen als ihr Herr. Seine Entscheidung für die Jünger ging hier auch ihrer Entscheidung für ihn voraus. Dann sind die Jünger tatsächlich mit ihm gekreuzigt worden und zwar im zweifachen Sinn des Wortes: sie lebten nicht mehr sich selbst, ihrem alten, versagenden Selbst, sondern ihr altes Selbst war in Christus gestorben. Zugleich waren sie aber mit ihm neugeboren. Später starben sie dann als Märtyrer für ihren Heiland. Die Säuglinge, welche wir heute taufen, können nur mit Christus auferstehen, wenn sie mit ihm sterben, und das bedeutet, wenn sie im Glauben neugeboren sind in ihm, in ihrem gekreuzigten Heiland. Das Kreuz ist das Angebot, sein Heilsangebot für uns sündige Menschen. Aber das Heil erlangen wir nur, wenn wir dieses Angebot persönlich annehmen. Selig sind nicht die, welche getauft sind, sondern die, welche getauft sind und an ihn glauben. Laßt uns das niemals vergessen! Niemand kommt ins Himmelreich wegen eines Taufscheins, sondern nur durch den Glauben an Jesus Christus und ein Leben in der Nachfolge mit ihm. Deswegen soll ein Taufgespräch sehr ernstgenommen werden. Die Eltern werden verpflichtet, ihr Kind zu einem Leben mit Christus zu erziehen, und wir Pfarrer sollen ihnen sehr klar und deutlich sagen, was das bedeutet und beinhaltet: erziehen zum Gebet, erziehen zum Wort Gottes (deswegen bekommen sie bei der Taufe bei uns eine Kinderbibel), erziehen zur Zugehörigkeit zur Gemeinde Jesu, vor allem aber durch das eigene Beispiel. Glaube ist nicht vererbbar. Wilhelm Busch sagte einmal: »Gott hat Kinder, aber keine Enkelkinder.« Kinder erziehen zu Christus, vor allem durch eigenes Beispiel, kann aber den Weg zur eigenen Entscheidung für ihn bahnen.

Wer das Neue Testament kennt, weiß, daß selbstverständlich zuerst nur Erwachsene getauft wurden —, wir können keine neue Kirche auf Säuglinge gründen. Aber bereits in der zweiten Generation werden Kinder allgemein getauft. In der Apostelgeschichte, am Anfang der Gemeinde Jesu, steht an mehreren Stellen wie bei Lydia, bei dem Kerkermeister und so weiter, daß sie sich taufen ließen »mit ihrem ganzen Haus«. Kinder sind hier natürlich gemeint, also eingeschlossen.

Trotzdem, trotz der Tatsache, daß Luther selbst wie alle unsere großen Kirchenväter und Reformatoren als Kinder getauft wurden, trotz der guten und richtigen biblischen Argumente für die Kindertaufe, ist die Kritik an dieser Praxis auch sehr ernst zu nehmen. Jeder Pfarrer, der zu Christus und zu seinem Wort berufen ist, soll nie ein Kind taufen oder die Kindertaufe verlangen, wenn die Eltern aus Glaubensgründen dagegen sind. Kein Pfarrer darf jemals eine Taufe vollziehen, ohne ernste und tiefe Gespräche über die Bedeutung der Taufe und die Verantwortung der Eltern mit diesen geführt zu haben. Und jeder Pfarrer soll es den Eltern sehr nahe legen, daß es vielleicht viel besser wäre, ihre Kinder nicht zu taufen, wenn sie dieses Versprechen, ihre Kinder zu Christus hin zu erziehen, nicht ernst nehmen wollen. Denn tatsächlich ist eine falsche Einstellung zur Taufe ein Grund unter anderen, warum unsere Kirche so lau geworden ist. Vollständig falsch ist die Meinung, wer getauft sei, sei ohne weiteres ein wahrer Christ. Das ist ganz und gar falsch und unbiblisch. Nur wer stirbt mit Christus, indem er Jesu Tod für sich persönlich angenommen und in seiner Nachfolge gelebt hat, nur der ist ein wahrer Christ, nur der wird Heil statt Verdammnis ererben.

Können wir überhaupt eine Taufe wichtig und ernst genug nehmen? Was kann unsere Gemeinde jetzt tun im Blick auf die heutige Taufe? Eine sehr alte Frau, die schon lange gestorben ist, erzählte mir einmal, wie sie vor mehreren Jahrzehnten hier im Ort eine besondere Taufe erlebt habe. Der Taufvater war ein Missionar. Er hat besonders lang und tief darum gebetet, daß gerade dieses Kind sich einst seiner Taufe freuen und für Jesus entscheiden möge, der sich für es schon entschieden habe. Tatsächlich sei das Kind ganz und gar ein Christ geworden und habe sein Leben seinem gekreuzigten und auferstandenen Heiland gewidmet. An dieser Geschichte können wir lernen, wie wichtig unsere Gebete als gläubige Gemeinde für jedes Kind sind. Bitte betet, wie auch ich es tue, bei jeder Taufe immer wieder neu für diese Kinder.

Und dann müssen wir bedenken, was ein Pate und eine Patin bedeuten. Es soll jemand zusammen mit den Eltern die Verantwortung für die christliche Erziehung des Kindleins übernehmen. Zwar steht in unseren Gesetzen, daß von diesen Paten mindestens einer der Landeskirche angehören soll. Natürlich kann auch der andere einer der großen Kirchen oder einer Freikirche angehören. Das ist aber nicht genug. Paten sollten nicht gewählt werden nach dem Verwandtschafts- oder Freundschaftsgrad, sondern nach ihrer Beziehung zu Jesus. Wir Christen sind eine neue Familie in ihm. Hier geht es um das wahre Leben selbst, um Christi zukünftiges Reich, um den Frieden mit ihm. Hier geht es um das Heil und um nichts anderes.

Wir sollen angesichts des Angebotes der heiligen Taufe niemals vergessen: Wer wirkt, wer macht das Angebot, und wer allein kann es verwirklichen? Weder Eltern noch Paten noch mein Wille und meine Entscheidungskraft, sondern allein Jesus Christus. Er wurde gekreuzigt, als wir, seine Jünger, in der Irre gingen. Er ist auferstanden, als wir, seine Jünger, ihn als ewig tot aufgaben. Er lebte und lebt immer noch unter uns, in seinem Heiligen Geist, mit Gottes Macht und Kraft als der einzig richtige Weg, die einzig gültige Wahrheit, ja das Leben selbst. Wie oft leben wir, als ob wir selbst unsere Wege bestimmen, die Wahrheit selbstherrlich aussuchen, über unser Leben selbst entscheiden könnten!

Aber wie Jesus seine Jünger niemals aufgab, trotz ihres Versagens, so will er seine Hände über uns halten. Er will uns richten und aufrichten durch sein Wort, welches in ihm Fleisch geworden ist. Er will uns täglich Kraft und Führung erfahren lassen durch den Tröster, den Heiligen Geist. Er will uns erneuern, wenn wir schwach sind und falsche Wege gegangen sind. Und er will uns den schmalen Weg zu seinem Reich weisen und uns täglich auf diesem Weg führen. Er will uns die Treue halten und uns die Kraft geben, ihm treu zu bleiben — »weil wir ja wissen, daß unser alter Mensch samt ihm gekreuzigt ist, damit der Leib der Sünde aufhöre, daß wir hinfort der Sünde nicht dienen..., denn was er gestorben ist, das ist er der Sünde gestorben ein für allemal; was er aber lebt, das lebt er Gott. Also auch ihr, haltet euch dafür, daß ihr der Sünde gestorben seid, und lebet Gott in Christus Jesus.«

„Laß dich nicht vom Bösen überwinden"

Vergeltet niemand Böses mit Bösem. Befleißiget euch der Ehrbarkeit gegen jedermann. Ist es möglich, so viel an euch ist, so habt mit allen Menschen Frieden. Rächet euch selber nicht, meine Lieben, sondern gebet Raum dem Zorn Gottes; denn es steht geschrieben (5. Mose 32, 35): „Die Rache ist mein; ich will vergelten, spricht der Herr." Vielmehr, „wenn deinen Feind hungert, so speise ihn; dürstet ihn, so tränke ihn. Wenn du das tust, so wirst du feurige Kohlen auf sein Haupt sammeln" (Spr. 25, 21.22). Laß dich nicht vom Bösen überwinden, sondern überwinde das Böse mit Gutem.

Römer 12, 17—21

Wenn wir das lesen, klingt unser Text zuerst schön und fein, aber wenn wir darüber nachdenken, kann diese Aussage sehr an uns nagen. Hier wird verlangt, daß wir wirklich unsere Feinde soweit als möglich lieben. Zwar geht dieser Text nicht ganz so weit: „Rächet euch selber nicht, meine Lieben, sondern gebet Raum dem Zorn Gottes." Aber wir dürfen nicht Böses mit Bösem vergelten. Wir sollen, soweit wie möglich, mit allen Menschen Frieden halten. Mit gutem Grund. Denn wenn wir Böses mit Bösem vergelten, hat dieses Böse in unserem Haß und Zorn Macht über uns gewonnen. Und wenn wir keinen Frieden mit unserem nicht friedfertigen Nachbarn haben, dann ist Unfrieden, Unruhe in uns selbst. Darum ist diese Aussage so wichtig, und zwar nicht nur für unseren Nächsten, sondern vor allem für uns selbst. Aber können wir immer so leben?

Jeder von uns, und ich als Pfarrer bin sicherlich keine Ausnahme, hat Menschen, die nur darauf warten, bis wir einen Fehler machen – und wer von uns vergißt oder versäumt nicht manchmal etwas? Wenn dann solche Versäumnisse, Vergeßlichkeiten passieren, dann fangen diese Menschen an, uns anzugreifen, und zwar mit pharisäischem Eifer, als ob sie selbst immer in Ordnung wären, ohne jeden Fehler. Wenn wir solchen Menschen gegenüber zugeben: „Ja, ich habe einen Fehler gemacht", dann wird unsere Offenheit nicht positiv aufgenommen, sondern eine lange Liste von solchen Fehlern und Versäumnissen wird aufgezählt, manche mit Recht und manche mit Unrecht. Der Zeigefinger wird erhoben, als ob wir wirklich böse Menschen wären, und vor allem, als ob unsere Ankläger in jeder Art vorbildlich seien. Was sollen wir dann tun? Ich glaube, dieses Problem trifft jeden von uns in irgendeiner Form. Zwar sollen wir bereit sein, Fehler und Versäumnisse einzugestehen. Zwar sollen wir den Frieden mit jedermann suchen, aber es gibt Menschen (und vielleicht sind manche unter uns sogar solche Menschen), welche nur darauf warten, daß wir Fehler begehen, Menschen, welche sehr bewußt versuchen, uns das Leben zu erschweren. Sie halten sich selbst für die wahren Christen, die wahren Ermahner. Was sollen wir tun, wenn wir auf die Dauer allergisch auf solche Menschen reagieren?

„Vergeltet niemand Böses mit Bösem. Befleißigt euch der Ehrbarkeit gegen jedermann. Ist es möglich, soviel an euch ist, so habt mit allen Menschen Frieden." Dieser letzte Satz ist Zielsetzung unseres Textes. Und wenn wir wissen, daß unsere Beziehung zu unseren Anklägern so geworden ist, daß wir selbst innerlich in Unruhe nur darauf warten, bis sie auf dieses oder jenes gegen uns den Finger erheben, dann sollen wir um des Friedens willen, *nicht nur zwischen uns und den anderen, sondern in uns selbst,* soweit als möglich solche Menschen und ihre „Ich-weiß-es-besser-Art" meiden. Meide das Böse! – denn durch solche Beziehungen zeigt sich das Böse dann auch in uns. Natürlich müssen wir uns so stark wie möglich beherrschen, dann aber auch versuchen, den Streit zu schlichten. Wenn alle diese Versuche unser Gegenüber und unsere Beziehung zueinander nicht ändern, sollen wir diese Art von Gereiztheit so gut wie möglich meiden, um unseret- und um unseres Nächsten willen.

Aber, jeder von uns soll ehrlich überlegen, ob und inwieweit vielleicht er selbst der Herausforderer ist. Bevor wir kritisieren, sagt uns Jesus, sollen wir den Balken aus unserem eigenen Auge entfernen. Und vielleicht kann durch ein offenes Gespräch solch eine Beziehung gerettet werden. Wenn nicht, wenn dieses Verhältnis zu festgefahren ist, sollen wir, um des Friedens willen in uns selbst und mit dem Nächsten, soweit wie möglich Abstand halten, Abstand auch von der Ungeduld in uns, welche als Zorn Böses ausbrüten kann.

So eine Aussage ist nun menschlich gesehen vielleicht richtig, aber wo liegt die theologische Tiefe in unserem Text? Die Bibel deckt unsere Schwächen auf und weiß auch, daß wir keine Engel sind, keiner von uns, aber was hat diese Aussage mit Evangelium zu tun?

Interessant ist, daß sie mit Evangelium in seinem vollen Sinne zu tun hat:

1. Indem wir uns selbst überlegen müssen, ob wir nicht Böses mit Bösem zu vergelten bereit sind, ob wir ehrlich mit uns selbst und mit anderen sind, und ob wir wirklich Frieden suchen, das bedeutet, uns von Jesu Liebe bestimmen zu lassen, nicht von pharisäischer Selbstgerechtigkeit.

2. *Indem unsere Grenze und die unseres Nächsten aufgedeckt ist, ist deutlich Gericht zu spüren* – „Rächet euch selber nicht, meine Lieben, sondern gebet Raum dem Zorn Gottes."

Ist das wirklich neutestamentlich, daß wir auf Gottes Rache warten? Jawohl, so ist es, aber *nur so* verstanden:

1. Wenn wir über andere zu Gericht sitzen, werden wir nach demselben Maßstab selbst gerichtet werden.

2. Wir sollen aus der Liebe und dem Frieden Christi versuchen, so zu leben, daß diese Menschen und wir selbst verwandelt werden durch ihn, *denn der Herr liebt nicht zu richten, sondern Gnade zu üben.*

3. *Unsere Feinde sind nicht unbedingt Gottes Feinde.* Wir müssen uns selbst immer wieder fragen, ob ich mich selber nicht Gottes Zorn ausgesetzt habe mit meiner Unbarmherzigkeit und Lieblosigkeit? *Das Gericht bleibt, Gottes Zorn, welcher nur zu überwinden ist durch Buße, indem wir uns selber richten für unsere Lieblosigkeit, unsere Gottesferne.*

Trotzdem bleibt Gottes Zorn über unseren Feinden, welche wirklich als Ankläger gegen uns stehen (der Satan ist der Ankläger in der Bibel) und nicht bereit sind, mit uns Frieden zu machen im Geiste Christi, sondern pharisäische Kritik und ihre eigene Wichtigkeit in den Mittelpunkt stellen.

Nehmen wir zum Beispiel eine stark wachsende Gemeinde. Jedes Wachstum bringt nicht nur das Positive mit sich, das Wachstum selbst, sondern auch Wachstumsstörungen. So erlebt es jeder Teenager, der in jeder Hinsicht im Wachsen ist, und so erlebt es jede Nation, welche im Wachsen ist, oder sogar jede Wirtschaft, welche ihre Wachstumsphase erlebt. Selbst in einer wachsenden Gemeinde gibt es solche Probleme, wie sie unser Text berichtet: Christen, welche ihr besonderes „christliches Gegenüber" haben. Manche Arbeiter waren schon lange im Weinberg und sehen die Neuankömmlinge nicht als Gleichberechtigte in Christus an: „Wir haben die Erfahrung; wir waren hier, als die Gemeinde klein war und in Not; und vor allem, wir wissen, was wir gelernt haben." Manche dieser Aussagen haben vielleicht ein bißchen Wahrheit in sich, aber die Neuankömmlinge könnten mit genau dem gleichen Recht betonen: „Wir sind neu im Glauben und deswegen viel eifriger; wir stehen näher zum Heiligen Geist, gerade weil wir neu berufen sind; wir sind jung und die Jugend bestimmt die Zukunft." Solche Standpunkte haben vielleicht auch ein bißchen Wahrheit in sich. *Aber die Wahrheit selbst in ihrer ganzen Fülle ist Jesus Christus. Und Jesus ruft uns zu seiner Liebe, seinem Frieden, seiner Erlösung, zur Eintracht in ihm.* Er ist das Haupt und wir sind die Glieder, und der ganze Körper leidet, wenn es Streit unter uns gibt, wenn Böses mit Bösem vergolten wird, wenn hintenherum schlecht über andere geredet wird, *wenn wir nicht Frieden suchen, sondern unser Recht.* Jesus will nicht nur, daß wir aus seiner Liebe und aus seinem Frieden mit unseren Mitchristen leben, sondern auch mit unseren nichtchristlichen Bedrängern, und zwar um unseretwillen, daß das Böse, der Haß, uns nicht überwindet, und auch um seinetwillen: „Wenn deinen Feind hungert, so speise ihn; dürstet ihn, so tränke ihn. Wenn du das tust, so wirst du feurige Kohlen auf sein Haupt sammeln." Was soll das bedeuten: „Feurige Kohlen auf sein Haupt sammeln"? Das bedeutet, daß er noch hitziger wird. Wenn wir Böses mit Gutem vergelten, kann unser Gegner noch ärgerlicher gegen uns reagieren, weil er spürt, daß er unrecht hat, und *gerade das kann er nicht ertragen.* Aber diese Kohlen, welche auf seinem Kopf verbrennen mögen wie die brennenden Kohlen auf Jesajas Lippen, können ihn auch reinigen. Ist es nicht so, daß, wenn wir auf Haß mit Liebe reagieren, unsere Gegner die Macht der Liebe spüren? Jesus Christus ist stärker als der Haß (Satan), und ist es nicht so, daß diese Liebe ihren Haß und Neid wegbrennen kann, reinigen kann, *jetzt im Gericht Gottes hier, in der Buße, so daß sie dem endgültigen Gericht nicht übergeben werden müssen?*

Wer wirklich glaubt, daß Jesus Christus der Herr ist, soll und muß auch glauben, daß er, die Liebe, stärker ist als jeder Haß und Zorn, *stärker sogar als unser Stolz.* Wer das glaubt, soll jetzt, in den nächsten Tagen und immer so gut er kann aus der Güte, dem Frieden und der Liebe leben, und das bedeutet, aus der Kraft Christi. Gott gebe uns allen, aus der Kraft seiner Liebe und seiner Kraft der Vergebung mit unserem Nächsten zu leben, denn er, Jesus Christus, will unser Leben sein, der Herr unseres Daseins und unseres Handelns.

Der Christ und die Obrigkeit

Jedermann sei untertan der Obrigkeit, die Gewalt über ihn hat. Denn es ist keine Obrigkeit ohne von Gott; wo aber Obrigkeit ist, die ist von Gott verordnet. Wer sich nun der Obrigkeit widersetzt, der widerstrebt Gottes Ordnung; die aber widerstreben, werden über sich ein Urteil empfangen. Denn die Gewalt haben, sind nicht bei den guten Werken, sondern bei den bösen zu fürchten. Willst du dich aber nicht fürchten vor der Obrigkeit, so tue Gutes; so wirst du Lob von ihr haben. Denn sie ist Gottes Dienerin dir zugut. Tust du aber Böses, so fürchte dich; denn sie trägt das Schwert nicht umsonst: sie ist Gottes Dienerin, eine Rächerin zur Strafe über den, der Böses tut. Darum ist's not, untertan zu sein, nicht allein um der Strafe willen, sondern auch um des Gewissens willen. Derhalben gebet ihr ja auch Steuer; denn sie sind Gottes Diener, auf solchen Dienst beständig bedacht. So gebet nun jedermann, was ihr schuldig seid: Steuer, dem die Steuer gebührt; Zoll, dem der Zoll gebührt; Ehre, dem die Ehre gebührt.

Römer 13, Vers 1—7

Für uns heute sind solche Aussagen wie die von Paulus nicht leicht anzunehmen. Ist es möglich, daß der Herr selbst die Obrigkeit über uns gestellt hat, wenn diese Obrigkeit böse ist, wenn sie eine fast totale Macht ausübt? Müssen wir dann wirklich „brav und lieb" sein, so wie unser Text es verlangt?

Zuerst müssen wir uns erinnern an manche Aussagen der alttestamentlichen Propheten. Haben nicht diese Männer die Feinde und Unterdrücker Israels als Gottesknechte bezeichnet? Erschreckend muß es gewesen sein für die Judäer im 7. und 6. Jahrhundert vor Christus, aus dem Munde Jeremias zu hören, daß das schreckliche, unbarmherzige Strafgericht der Babylonier gegen Gottes Volk von Gott selbst hergerufen wurde. Der Herr pfeift und seine Knechte kommen, ihm zu dienen. So wurde es auch gesagt bei den Assyrern, welche Israel im Jahre 722 unterworfen haben. Ist es wirklich möglich, daß der Herr, der Gott Israels, so gegen sein eigenes Volk vorgehen kann? Ja, es ist möglich. Das Alte Testament bezeugt das deutlich. Israel/Juda müssen durch Gericht, durch Leiden gehen um der Reinheit willen, daß sie merken sollen, daß sie ganz und gar abhängig waren und sind von ihrem Gott. Daß sie die Kinder Abrahams waren, half sehr wenig, denn der Herr wollte, daß sie lieber Kinder Gottes wären. Sie müssen das Gericht, das weltliche Gericht so erleben, *gerade weil sie so weltlich geworden waren, so sehr die Mächte und Kräfte dieser Welt an die Stelle Gottes gesetzt hatten.* Die Könige Israels und Judas haben zum Teil heidnisch gelebt, ihre eigenen Kinder sogar den Götzen geopfert, ausdrücklich gegen Gottes Willen und Gebot. Sie und die Hohenpriester haben ihre eigene Macht aufgestellt, aber öfters nicht im Einklang mit dem, was der Herr durch die Propheten verlangte. Und gerade weil die weltliche Macht an die Stelle von göttlicher Macht gestellt wurde, mußten fremde Völker diese weltlichen Mächte entmächtigen, und zwar im Namen des Gottes Israels. Darum mußten die Israeliten lernen, sich fremden Herren zu beugen, politisch und sozial zu beugen, damit sie gleichzeitig lernen sollten, sich wieder ihrem Gott zu unterwerfen. Trotzdem lebte in Israel mit Recht die zutiefst religiöse Vorstellung, daß der Gott Israels, König der Juden war und sein wird und daß sein ideales Friedensreich ein Reich sein werde ohne heidnische Führer, denen man sich gezwungenermaßen beugen muß, aber genauso ohne israelitische Könige, die ihrem eigenen Willen und ihren Gesetzen folgten statt Gott selbst. Wir müssen uns hier daran erinnern, daß der Herr, der Gott Israels nicht wollte, daß Könige überhaupt über Israel herrschen sollten, denn er, der Herr Israels selbst, wollte ihr König sein. Aber gegen seinen Willen hat sein Volk nach einem weltlichen König verlangt. Gott gab ihnen Saul, der ungehorsam war, danach David, aus dem der wahre König Israels, Jesus Christus, kam. Der wird herrschen über das ganze Haus Israel *im religiösen und politischen Bereich in seinem ewigen Reich.* Aber bis dahin sind die Israeliten und auch wir Christen fremden Herrschern unterstellt, welche Gottes Gericht an uns ausüben und zugleich für weltliche Ordnung sorgen.

So war es zu des Paulus Zeit unter dem schrecklichen römischen Kaiser Nero. So war es aber auch in der Zeit von Jesu erster Ankunft, denn er anerkannte mindestens äußerlich den Herrschaftsanspruch des Pilatus, wenigstens äußerlich und mindestens für die damalige Zeit seiner Gegenwart. Darum ist es so, daß wir Christen wie die Juden es gelernt haben durch die Jahrhunderte, uns fremder Herrschaft zu unterstellen und unterzuordnen, weil beide Bünde sich klar darüber bewußt sind, daß diese Mächte von dem Herrn selbst eingesetzt sind. Leichter war es sicherlich für uns Christen, denn seit dem 4. Jahrhundert waren die Herrscher über uns zumeist selbst Christen, entweder Christen dem Namen nach, oder ausnahmsweise, wie manche jüdischen Könige wie David oder Josia, wirkliche Gläubige.

Dann, in der jetzigen modernen Zeit wurden wir Christen vor die Frage gestellt, wie wir uns verhalten sollten, als moderne heidnische „Kaiser", losgelöst von Gott und vom Glauben, nicht nur unsere Steuer, unseren Gehorsam verlangten, sondern auch unseren Geist. „Heil Hitler" war ein Glaubensbekenntnis, und der moderne Kommunismus sagt offiziell, daß es keinen Gott gibt. Können wir solchen Mächten und Kräften dienen, wenn wir Gott gehorchen wollen? Er hat sie über uns eingesetzt wegen unseres Unglaubens, um uns zu reinigen, wie die Babylonier über Juda. Oder müssen wir uns wehren um unseres Geistes und der Seele willen? Hier trennen sich die Geister unter gläubigen Christen, auch heute. Im Dritten Reich gab es die Erklärung von Barmen, 1934, welche von Karl Barth und anderen verfaßt wurde und welche die Überzeugung zum Ausdruck brachte, daß der Nationalsozialismus verlangte, was Gott allein gehörte, nämlich unseren Geist und unsere Seele. Im Sinne von Luthers Zwei-Reiche-Lehre wird festgestellt, daß wir Gott unter so einem Diktator nicht geben könnten was ihm gehört, weil Hitler das selbst verlangte. Und weil es unmöglich war, zugleich Gott und dem Kaiser, dem Führer, zu dienen, weil sich der Führer an Gottes Stelle setzte, müßten wir uns wehren gegen seine Herrschaft. Hat nicht Jesus selbst gesagt, man gebe dem Kaiser, was dem

Kaiser zusteht, und Gott, was Gott gehört? Aber unter Hitler war das zum größten Teil unmöglich, denn der „Kaiser" selbst war Massenmörder und verlangte das gleiche von uns in seinem Dienste, wir sollten uns sogar gegen Gottes Volk des Alten Bundes stellen. Leider wurden die Juden in der Barmer Erklärung gar nicht erwähnt.

Andere gläubige Christen, ich meine natürlich nicht die heidnisch beeinflußten „Deutschen Christen", blieben fest an der alten Tradition, und zwar viele von ihnen sicherlich aus tiefer Überzeugung. Waren etwa nicht die Kaiser von Assyrien und Babylonien Massenmörder, sind sie selbst nicht gegen Gottes Volk vorgegangen, und war das nicht letzten Endes vom Herrn gewollt? Gewiß. Gebrauchte Gott nun diese Verfolgung im Dritten Reich nicht, um die Juden ins Heilige Land zu treiben? Durch diese schrecklichen Leiden wurde Gottes endzeitlicher Plan in seine entscheidende Phase eingeleitet. *Aber, und das ist für uns wichtig: wer konnte hier zwölf Jahre unter einer solchen Herrschaft leben, sich dem Kaiser, dem Führer, unterstellen, ohne tiefsten Schaden an seiner eigenen Seele zu nehmen? Viele sogenannte Christen haben in dieser Zeit eine ungeheuerliche Schuld auf sich geladen.*

Dazu hat der bekannte jüdische Rabbi und Professor Pinchas Lapide uns eine, glaube ich, noch tiefere Auslegung von Matthäus 22: „Gebet dem Kaiser, was des Kaisers ist, und Gott, was Gottes ist!" als Luther es verstand, gegeben. Lapide zeigt uns mit Recht, daß diese Frage Jesus gestellt wurde in Beziehung zu einem Groschen, auf dem der Kaiser als Gott dargestellt war. Und so ausgelegt, konnte kein damaliger rechtgläubiger Jude mit Recht diesem Kaiser Steuer bezahlen, denn das Geldstück selbst brach das erste und das zweite Gebot – „Du sollst keinen Gott neben mir haben" und „Du sollst kein Bildnis noch Gleichnis machen von Gott". Dazu lehrt uns Lapide, daß für einen Juden – wie Jesus einer war – Gott letzten Endes alles gehört, weil er alles geschaffen hat, auch unsere Person: Eigentlich, meinte Jesus, gehöre dem Kaiser gar nichts – wenn wir Jesus richtig verstanden haben –, denn der Kaiser setze sich selbst an Gottes Stelle, völlig zu Unrecht. Auch wenn Jesus selbst das heidnische Römische

Reich nicht zerstörte, stellt Rabbi Lapide mit Recht fest, so taten es doch Jesu Nachkommen, wir Christen. Wir Christen zerstörten dieses Reich letzten Endes in Christi Namen von innen heraus.

Im Angesicht dieser sehr komplizierten Geschichte der Gottesvölker beider Bünde unter fremden Herrschern, im Angesicht dieser biblischen Aussagen – was sollen wir tun, denn wir leben heute selten unter wirklich „christlichen" Herrschern, jedoch auch nicht unter machtbewußten totalitären Führern. Unsere Gesellschaft ist demokratisch und pluralistisch, nicht christlich oder nur christlich dem Namen nach, also scheinchristlich. Aber manchmal gibt es Gesetze, die gegen unser Gewissen, gegen Gottes Wort verstoßen. Für unsere Zeit kann man folgendes biblisch feststellen: 1.) Wir müssen die Ordnung dieser Gesellschaft in ihrem äußeren Rahmen akzeptieren und bejahen. Die Demokratie ist keine gute Ordnung, wie Churchill es ausdrückte, aber trotzdem besser als jede andere politische Ordnung. Wir Christen sollten dankbar sein für die Freiheit, welche uns in der Demokratie gewährt wird, daß wir missionieren können, Gottes Wort in Freiheit weitergeben. 2.) Wenn es Gesetze gibt, welche gegen unser Gewissen verstoßen, weil sie gegen Gottes Wort sind, z. B. daß Abtreibung, Kindermord, bejaht wird, dann dürfen wir uns niemals anpassen an solche Gesetze, und wir müssen alles tun im demokratischen Rahmen, um gegen solch ein Gesetz zu kämpfen (wie das in Amerika heutzutage gemacht wird). 3.) Wir sollen aber niemals unsere Demokratie als göttlich ansehen. Denn Jesus Christus ist unser König, und er wird in seinem Reich am Ende der Zeiten politisch, sozial, gerecht herrschen. Wir sind jetzt, wie Luther es ausdrückte, Fremdlinge auf dieser Erde. Wir warten, genauso wie die Juden, auf Gottes gerechtes, ewiges, wahres Reich und seine Herrschaft. Unser Leiden unter einer pluralistischen Gesellschaft, welche uns Freiheit gewährt, aber gleichzeitig alles andere als christlich ist, ist ein Leiden, verursacht durch unsere Schuld, durch unseren Unglauben, durch unsere Gleichgültigkeit. Darum solch eine laue Gesellschaft. Darum diese Strafe Christi.

Wir müssen miteinander ausharren hier in der sterbenden

alten Welt bis zu Jesu Wiederkunft, bis er sich selbst zeigt als Herrscher, als Richter, als Überwinder. Wir müssen ausharren in Geduld, in der Liebe, mit dieser sehr großen unersetzlichen Hoffnung auf seine Vollendung, auf sein Reich und seine Herrschaft. – „Denn sein ist das Reich und die Kraft und die Herrlichkeit in Ewigkeit."

Wer richtet wen?

10 Du aber, was richtest du deinen Bruder? Oder, du anderer,
was verachtest du deinen Bruder? Wir werden alle vor dem Rich-
terstuhl Gottes dargestellt werden.
11 Denn es steht geschrieben (Jes. 45,23): „So wahr ich lebe,
spricht der Herr, mir sollen sich alle Knie beugen, und alle Zun-
gen sollen Gott bekennen."
12 So wird nun ein jeglicher für sich selbst Gott Rechenschaft
geben.
13 Darum lasset uns nicht mehr einer den andern richten; son-
dern richtet vielmehr darauf euern Sinn, daß niemand seinem
Bruder einen Anstoß oder Ärgernis bereite.

(Röm. 14,10–13)

Was bedeutet das Wort „richten" in unserem Text? Heißt das,
daß wir kein Urteil über einen anderen fällen können, daß wir
gar nichts sagen dürfen, wenn wir glauben, daß der eine oder
der andere im Recht oder im Unrecht ist? Oder hat dieses Wort
eine andere, vielleicht noch viel weitreichendere Bedeutung?
   Natürlich haben wir eine Meinung über andere Menschen und
ihr Tun. Unser christlicher Glaube setzt sogar ein solches Verständnis von Maßstäben voraus. Wir halten uns an die zehn Gebote. Von Jesus, von Paulus haben wir gehört, wie wir uns verhalten sollen. Sind das nicht allgemeingültige Aussagen? Wie
könnten wir leben ohne solche Orientierungsmöglichkeiten,
ohne eine Meinung, ein Urteil zu haben, auch über das Tun anderer? Urteilslos, meinungslos zu leben würde bedeuten, keine
Merkmale mehr für Gut und Böse, für Recht und Unrecht zu
besitzen.
   Zu unserem Leben in dieser Welt gehört es, daß wir Entscheidungen treffen müssen – persönliche und auch rechtliche. Wenn
ich zum Beispiel sehe, daß vor meinen Augen Menschen durch
Rauschgift oder Alkohol zugrundegerichtet werden, bin ich mitschuldig, wenn ich nichts dagegen unternehme. Werde ich Zeu-

ge eines Autounfalls, bin ich verpflichtet, anzuhalten und zu helfen, soweit mir das möglich ist. Wir sind verantwortlich für unseren Nächsten und können die Augen vor dem Bösen nicht verschließen. Es geht einfach nicht, daß wir im Namen der Toleranz „leben und leben lassen".

Wir müssen die Welt und das Geschehen um uns beurteilen und danach dann persönlich und rechtlich leben und unsere Entscheidungen treffen. Tun wir das nicht, verschließen wir unsere Augen, dulden wir unter dem Deckmantel einer falsch verstandenen Freiheit Böses und Ungesetzliches, dann kann das unsere Familie, vielleicht sogar eine ganze Gemeinde zugrunde richten.

Paulus ging sogar so weit, daß er wegen schwerwiegender sexueller Verstöße ein Mitglied aus seiner Gemeinde ausstieß. Er sah die Gemeinde als Organismus, in dem der Schaden eines Gliedes dem ganzen Leib Unheil brachte, ihn in Mitleidenschaft zog. Wenn wir unter uns Verbrechen und heidnische Bräuche dulden, dann leben wir gegen den Willen Christi und nicht mehr als seine Gemeinde, als christliche Kirche. Gar zu leicht wird heute gesagt: Alle Menschen sind nun mal Sünder – auch ich gehöre dazu. Wir sollten dem Verhalten der anderen wohlwollend gegenüberstehen und ihr Verhalten passiv oder aktiv billigen oder wenigstens stehenlassen.

Der große russische Dichter Dostojewski entwickelte im 19. Jahrhundert eine Theorie der heiligen Sündhaftigkeit. Nach seiner Auffassung müssen Christen bis ins Tiefste lernen, daß sie Sünder sind. Andernfalls bleiben sie Pharisäer, die andere verurteilen, ohne zu wissen, wie tief die Sünde in uns allen steckt. Diese Theorie belegte Dostojewski durch biblische Beispiele wie Mose, David, Saulus und Maria Magdalena. Sie alle waren große Sünder gewesen, doch der Tiefe ihrer Sünde stand die Tiefe ihrer Errettung, die Größe der Gnade Gottes gegenüber.

In unserer Zeit erleben wir es, daß Rauschgiftsüchtige, Gewaltverbrecher, Menschen, die in sexueller Hinsicht völlig unverbindlich leben, im tiefsten Elend, in der hoffnungslosesten Gebundenheit das Licht der Befreiung durch Christus erkennen.

Doch gegen diese Auffassung läßt sich einiges einwenden: Wir müssen nicht durch die „tiefsten Sümpfe" waten, um zu wissen, daß wir Sünder sind. Jesus hat es uns in der Bergpredigt, in seiner Auslegung des Gesetzes sehr deutlich gemacht. Gott fordert von uns, daß wir den Haß aufgeben, daß wir unsere Feinde lieben, daß wir außerhalb der Ehe sexuell nicht begehren, daß wir vollkommen sein sollen wie er. Wer die Bergpredigt als Maßstab für sein Leben ansieht, als Kernaussage christlicher Lehre, der erfährt es täglich neu: Ich bin ein Sünder, ein Verlorener oder wie Jesaja es sagt: „Ich habe unreine Lippen . . .'' Gerade ein Christ sollte von der Bergpredigt, von den Lehren Jesu her wissen, wie verloren wir sind ohne sein Kreuz, ohne seine Erfüllung des Gesetzes für uns — im geistigen und im physischen Sinne.

Auch wenn Jesus der einzige war, der das ganze Gesetz erfüllt hat, so ist doch seine Aussage bis zum letzten i-Tüpfelchen auch für uns verbindlich. Jesus hat die Bergpredigt an Menschen gerichtet und nicht zu sich selbst gesprochen. Und darum brauchen wir nicht erst kriminell zu werden, um zu wissen, daß wir Sünder sind. Wir brauchen nur das Wort Jesu zu lesen und ernstzunehmen.

Und doch steckt hinter Dostojewskis Aussage eine ernste Wahrheit. Es ist zu allen Zeiten für Christen eine große Gefahr gewesen, sich selbst, das eigene Verhalten als Maßstab für Christusnachfolge anzusehen. Von diesem Blickwinkel her wurden dann die anderen beurteilt oder sogar verdammt. An dieser Stelle liegt ein doppeltes Problem: Statt des Wortes Jesu wurde das eigene Verhalten als gültige Norm für christliche Gerechtigkeit, für richtiges Handeln angesetzt. Alles, was davon abwich, wurde verurteilt. Und zum zweiten wurden diese Urteile ohne jeden Vorbehalt gefällt, sie besaßen einen absoluten Charakter. Wer außerhalb dieser subjektiven Normen lebte, galt als hoffnungslos verloren, „verdammt in alle Ewigkeit''.

Doch an dieser Stelle weist Dostojewski darauf hin, wie tief und allumfassend die Gnade Jesu ist. Er rettet die Verlorenen, die menschlich gesehen nicht mehr zu retten sind, die hoffnungslosen Fälle: Saulus, der die Christen verfolgte und in Massen hinrichten ließ, David, den Ehebrecher und Mörder, Mose, den geflüchteten Totschläger, Maria Magdalena, die Prostituierte.

Gerade diese Beispiele zeigen uns, daß in Gottes Augen kein Mensch ganz und gar verloren, abgeschrieben ist, solange er lebt, und sei er auch ein Schwerverbrecher. Wenn Paulus Menschen aus der Gemeinde entfernte, tat er das in der Hoffnung, daß ihnen das zur Besinnung, zur Korrektur diente und daß sie den Weg zum Herrn und zu seiner Gemeinde zurückfanden. Sein Urteil ging von Gottes Maßstäben aus, nicht von seinem eigenen Gutdünken. Und trotzdem war es kein endgültiges, sondern ein zeitlich begrenztes Richten.

Wir müssen den möglichen Wirkungen des Geistes Gottes Raum lassen. Tun wir das nicht, setzen wir uns an Gottes Stelle und spielen uns als Richter auf. Aber gerade das ist ein Beweis dafür, wie sehr wir selbst in der tiefsten Sünde stecken, in der Erbschuld des Menschen, sein zu wollen wie Gott. Er ist der Herr und nicht wir, er ist gerecht und nicht wir, er ist der endgültige Richter und nicht wir. Er läßt seine Sonne aufgehen über Gläubige und Ungläubige, er läßt regnen über Gerechte und Ungerechte, er ist geduldig und barmherzig und wird allein das letzte Urteil sprechen.

Doch das Gericht Jesu reicht, wie seine Gnade, viel tiefer als menschliches Richten, ist viel umfassender. Jesus fordert Buße, Sinnesänderung, Wandlung des Lebens, wenn er unser Herr sein soll. Maria Magdalena darf keine Hure bleiben, Saulus muß seine Haltung der Gemeinde gegenüber ändern. Buße bedeutet immer Konsequenzen. So spricht er auch jetzt als Richter zu jedem von uns. „Kehrt um! Tut Buße!", so heißt es. „Mein Reich, meine Gegenwart ist nahe. Folge mir nach! Deine ganze Person soll mir gehören!"

Dieses Urteil, dieses Angebot der Errettung ist zwar in der Gegenwart noch für uns da, faßbar, greifbar, aber es gibt auch einen Zeitpunkt, wo das nicht mehr der Fall ist. Einmal ist es zu spät für eine Sinnesänderung – wenn der Tod uns überrascht oder unsere geistigen Kräfte nachlassen.

Unser Text ist ein Ruf an jeden von uns. Wir sollen wissen, daß Jesus der Herr ist und auch der endgültige Richter sein wird. Und unsere Urteile sollen sich an seinem Wort orientieren und nicht an unserer eigenen Person. Wir selbst sollen zu einer tieferen Glaubenshaltung hinfinden. Jesus ist gegenwärtig – das gilt ebenso für uns wie für andere. Wer einen anderen unter ein absolutes, endgültiges Urteil stellt, ist im Grunde kein glaubender Mensch, weil er nicht ernsthaft mit Gericht und Gnade des Herrn rechnet. Er versucht vielmehr, in eigener Regie zu denken, zu urteilen und zu handeln. Im tiefsten Herzen empfindet er Jesus nicht als den Gegenwärtigen. Doch Jesus ruft die Sünder zur Umkehr durch sein lebendiges Wort und auch dadurch, daß er sie im Gewissen anspricht. Und wir sollen in seinem Auftrag Mahner und Warner sein, aber nicht Richter. Das Wort Gottes soll das Schwert sein, das uns von unserem Ich trennt, den in Christus gerechtfertigten Menschen vom selbstgerechten Sünder.

Und darum soll sein Wort und sein Geist zuerst und vor allem in uns selbst wirken, bevor wir damit zu unserem Nächsten gehen. Zuerst sollen wir den „Balken aus unserem eigenen Auge entfernen", die Schuld bei uns selbst suchen und sehen. Als errettete Sünder, als verlorene, aber vom Herrn gefundene Menschen dürfen und sollen wir uns dann auch dem Nächsten zuwenden mit dem Wort von Gnade und Erlösung, das zugleich ein richtendes Wort ist.

„Herr, du bist nahe allen, die dich suchen. Dein Wort soll unsere tägliche Speise sein. Du allein gibst uns die Kraft der Vergebung und die Kraft der Hinwendung zu unserem Nächsten, um ihm um seinetwillen das Wort von der Erlösung, der Vergebung, der Überwindung der Sünde zu bezeugen. Du allein bist unser Richter, unser Retter, unser Herr und Heiland."

Der innere und der äußere Mensch

16 Darum werden wir nicht müde; sondern ob auch unser äußer-
licher Mensch verfällt, so wird doch der innerliche von Tag zu
Tag erneuert.

(2. Kor. 4,16)

Diesen Wandel von der Betonung des äußeren Menschen zur
Wertschätzung des inneren Menschen hat wohl kaum jemand
so stark und augenscheinlich erlebt wie Rembrandt, der große
christliche Maler. Als junger Mann und selbstbewußtes Genie
empfand er eine unendlich große Freude an der sichtbaren Welt,
am Äußerlichen. Er kaufte exotische Schwerter und Uniformen
und ließ seine Eltern mit Turbanen geschmückt für sich Modell
stehen. Je sonderbarer die äußere Aufmachung war, desto mehr
imponierte sie ihm.

Neben dem Fremdartigen zog ihn alles Glänzende an. Mit
großer Freude malte er kostbare Stoffe und Metalle, um Verar-
beitungsweise und äußere Pracht hervorzuheben. Sein Geschäft
blühte. Die vornehmen Bürger Amsterdams ließen sich von ihm
malen, und ihre Selbstsicherheit und ihr Reichtum spiegeln sich
in den Bildern. Das Exotische, das Andersartige und die bürger-
liche Selbstzufriedenheit sind die Merkmale der frühen Werke
Rembrandts. Und dabei erfaßte der Maler mehr als jeder andere
die geistige Haltung, die hinter dem zur Schau getragenen Reichtum stand, das Mit-sich-selbst-zufrieden-Sein, An-sich-selbst-
genug-Haben. Rembrandt verstand diese Welt gut, es war auch
seine Welt.

Doch dann gab es eine Wende im Leben des Malers. Rembrandt begann, sich mehr mit Licht und Dunkel zu beschäftigen.
Zwar sind Spuren davon auch schon in seinen ersten Werken zu
finden, aber da ist es mehr ein grelles Licht und ein nichts-
sagendes Dunkel.

Im Alter von fünfunddreißig oder vierzig Jahren wandte sich
Rembrandt den inneren Bereichen des menschlichen Daseins zu,

geistigen Strömungen, religiösen Welten. Auf seinen Bildern bekam der leere Raum zwischen den Gegenständen immer mehr Wert für ihn. Hier entfaltete er geistige Kräfte, hier fand die lebendige Stille Gottes einen Ausdruck. Das Spiel mit Licht und Dunkel diente nun dazu, Wahrheiten des Glaubens darzustellen – Jesus Christus als Licht der Welt. Rembrandts Licht durchdringt die Menschen, zeigt sie als Sünder, in ihren Schwächen. Aber zugleich spürt man im Licht seiner späteren Gemälde etwas vom wunderbaren Glanz der Gnade Gottes.

Ich denke da zum Beispiel an sein berühmtes Bild von der Judenbraut in Amsterdam. Dieses Gemälde hat eine ungewöhnliche Tiefe und Innerlichkeit. Zuerst fällt nur die Braut mit ihrem Verlobten ins Auge. Da wird einiges erkennbar vom Wesen der beiden und von ihrer Liebe zueinander. Doch je länger wir das Gemälde anschauen, desto durchsichtiger werden die beiden Menschen für uns, desto mehr erkennen wir auf dem Grunde ihrer Persönlichkeit ihr tiefes Leid, das aus ihrer Zugehörigkeit zum Volk Gottes herrührt.

Und auch den auferstandenen Christus aus der alten Pinakothek möchte ich erwähnen. Man sieht die Gestalt des Christus, aber sein Fleisch ist nicht mehr Fleisch – es ist zum Lichtleib geworden. Der junge Rembrandt malte gerne menschliche Körper, äußere Sinnlichkeit, doch hier geht es ihm um etwas anderes. Das Gesicht des Christus spricht nicht durch seinen äußeren Ausdruck, sondern durch die innere Freude des Erlöstseins. Niemand ist in die Welt des Auferstandenen so tief eingedrungen wie Rembrandt, niemand hat, wie er, Bilder gemalt, die bis ins Innerste vordrangen, zum Erlöstsein, zur geistigen Wahrheit. Man spürt hier gleichsam die Gewichtslosigkeit Christi, seine Zeitlosigkeit, das Wesen des Lichtleibes.

Auch die Selbstbildnisse zeigen diesen Wandel in seinem Schaffen. Kein Maler hat sich selbst so oft dargestellt wie Rembrandt. Die frühen Porträts zeigen ihn meist als selbstbewußten Erfolgsmann. Zwar erkennt man seinen scharfen, kritischen Blick, aber sein Auge bleibt am Äußeren hängen. Der wertvolle Anzug, der Ausdruck: „Ich hab es geschafft", sein weltlicher Erfolg sind das Wichtigste. In den späteren Jahren werden die Bilder inniger, aber auch erbarmungsloser im Hinblick auf die mit dem Leben, mit dem Herrn komme, wenn ich den Gott des Friedens, nämlich Jesus Christus, der Frieden und Versöhnung mit dem Vater für uns am Kreuz gewonnen hat, als meinen Herrn und Heiland annehme. Das geschieht, indem ich meine Person ihm ganz und gar übergebe: Freude und Leiden, Not und Verzweiflung, Angst und Verlassenheit, das alles hat Jesus Christus am Kreuz für mich getragen.

Ich wurde innerlich zutiefst berührt von einem Gespräch nicht lange vor den Sommerferien. Ich sprach mit einer Frau, welche die Hölle der Schmerzen so erlebt hatte, daß sie mir sagte: »So umfassend waren diese Schmerzen, daß ich an gar nichts anderes denken konnte, auch nicht an Jesus.« Aber dann strahlte sie, als sie sagte: »Aber trotzdem wußte ich auch in diesen Schmerzen: Er trägt mich, er führt mich, er steht zu mir.« »Er aber, der Gott des Friedens, heilige euch durch und durch.« Heilig bedeutet in der Bibel, das was zu dem Herrn gehört. Die ganze Person dieser Frau war erfüllt von Leiden, Schmerzen und Not, aber trotzdem wußte sie: »Ich steh' in meines Herren Hand.«

»Fröhlich sein« bedeutet, daß Jesus Christus mein Herr und Heiland ist, daß sein Friede, seine Versöhnung mit dem Vater mir zugute kommen, daß ich Tag um Tag zutiefst wissen darf: Er, Jesus Christus, der allmächtige Herr, steht zu mir, er führt mich, er hebt mich auf, wenn ich gefallen bin, auf ihn kann ich mich verlassen und ihm vertrauen. Dieses Fröhlichsein, dieses Geheiligtsein durch und durch bedeutet nicht, was ich tue, sondern, was er für mich getan hat, sein Kreuzeswerk der Liebe, des Friedens und der Barmherzigkeit. Allezeit fröhlich sein heißt nicht, daß ich mich anstrengen muß, um wahres Glück zu erlangen, sondern er hat sich angestrengt, hat Leib, Geist und Seele für mich hingegeben, damit mir zugute kommt: Frieden mit dem Vater und damit ewiges Leben zugleich zu haben. Er, Jesus Christus, herrscht auch über die Zeit, über »alle Zeit«, und deswegen ist dieser Glaubenszustand, das Geheiligtwerden durch und durch, zeitlos geworden, denn der Herr ist Anfänger und Vollender der Zeit, auch meiner Zeit.

Es kommt nicht darauf an, daß ich als Christ mich äußerlich glücklich geben kann oder muß, auch nicht, daß ich als gefallener Mensch immer diese Fröhlichkeit spüre. Sondern das ist entscheidend, ob und daß Jesus Christus Herr meines Lebens ist, Tag um

Auch ich möchte leben, aber ich meine, „leben" bedeutet: „in der Wahrheit sein", „in der Liebe sein", „im Licht des Glanzes Gottes zu sein". Leben kann ich nur durch das „wahre Leben", durch Jesus Christus kennenlernen und erfahren.

Wir wollen Gottes Schöpfung bewußt betrachten, *seine* Hand, *sein* Wesen, das Leben selbst wird hier offenbar. Die unendliche Feinheit einer Blume oder eines Blattes können uns das lehren. Wer von uns nimmt sich noch die Zeit und macht sich die Mühe, dem bewußt nachzuspüren? Was ist Licht, was bedeutet der Raum, was der Duft der Blumen, die Stille des Waldes, die Vielfalt des Wachstums auf einer Wiese, die Tiefe seiner Aussage. Wir wollen sehen und hören, was unser Herr geschaffen hat. Der Vogel auf dem Ast vor meinem Fenster und die Stimme in mir, die ihre Freude hinaussingen möchte über Erlösung und Überwindung des Dunkels – beides spiegelt die Welt Gottes wider.

Sehen Sie die Menschen nicht so, wie sie gesehen werden wollen: in ihrer äußeren Aufmachung, ihren Posen, ihrer Eitelkeit! Sehen Sie vielmehr den inneren Menschen, der trotz aller Fassade bewußt oder unbewußt eine tiefe Sehnsucht nach Erlösung, nach Gott mit sich herumträgt! Sehen Sie bis ins Innere des Menschen hinein, nicht nur bei anderen, sondern auch bei sich selbst! Je tiefer sie sehen, desto tiefer können Sie auch empfinden. Dann erkennen Sie den Raum Gottes, im Inneren der Dinge, im Inneren Ihres Ichs, im Verloren- und Nacktsein unseres menschlichen Seins, in dem uns Christus annehmen will.

Jeder Mensch sehnt sich nach Befreiung von sich selbst, von Posen und Äußerlichkeiten. Und wir können einander zutiefst helfen, indem wir uns nicht vom Glanz des Äußeren blenden lassen, sondern die Tiefe zu durchdringen versuchen. Der Tiefe begegnen wir in Augenblicken, in denen wir aufrichtig nachdenken, in denen wir stille werden, auf Gott und sein Wort hören. Jesus Christus ruft einen jeden von uns, aber sein Ruf wird nur gehört, wenn er bis ins Innerste dringt. Er ruft auch jetzt. Hören Sie auf sein Wort und nehmen Sie es auf, wie Maria die Worte des Engels. Bewahren Sie seine Worte, geben Sie ihnen Raum im Herzen. Dann wird das Äußere an Bedeutung verlieren und der innere Mensch täglich wachsen durch Gottes Kraft.

Das Kreuz und der Alltagsmensch

Denn Gott versöhnte in Christus die Welt mit ihm selber und rechnete ihnen ihre Sünden nicht zu und hat unter uns aufgerichtet das Wort von der Versöhnung. So sind wir nun Botschafter an Christi Statt, denn Gott vermahnt durch uns; so bitten wir nun an Christi Statt: Lasset euch versöhnen mit Gott!

Denn er hat den, der von keiner Sünde wußte, für uns zur Sünde gemacht, auf daß wir würden in ihm die Gerechtigkeit, die vor Gott gilt. 2. Korinther 5, 19–21

Das Wort „Sünde" klingt den Menschen heute unangenehm in den Ohren. „Keiner von uns ist vollkommen", so heißt es dann oft, aber wir versuchen, so gut und verantwortungsbewußt zu leben wie möglich. Eine solche Reaktion zeigt aber von vornherein, daß der Mensch Angst vor diesem Wort, vor der Tatsache hat, die dahinter steht.

Der große christliche Dichter T. S. Eliot sagte einmal: „Der Mensch kann wenig Wahrheit ertragen." Das gilt in besonderem Maß für die Art und Weise, wie wir uns selbst sehen.

Sünde ist ein umfassender Begriff, er beschreibt den Zustand des Menschen, nicht nur sein Tun. Entweder leben wir für den Herrn oder für uns selbst, und wenn wir für uns selbst leben, dann führen wir ein Leben der Sünde und des ewigen Todes. Wir befinden uns dann nicht in der Gegenwart des Herrn, in seinem Herrschaftsbereich, auch wenn wir manchmal „Gutes" tun, sondern wir bejahen bewußt oder unbewußt die Herrschaft der Sünde, wir leben fern von Gott.

Luther meinte, daß uns „einer immer reitet" – entweder Gott oder der Satan. Und Jesus sagte einmal: „Ihr könnt nicht zwei Herren dienen . . . wer nicht für mich ist, der ist gegen mich."

Wer von uns kann sagen, daß er wirklich bis in die Tiefen seines Wesens hinein für den Herrn da ist? Ab und zu denken manche von uns einmal an ihn, machen einen Versuch, mit ihm zu leben. Aber leben wir nicht doch meistens für uns selbst und bestimmen unsere Welt, statt daß er sie bestimmt? Gerade das ist Sünde. Diese Tatsache läßt sich einfach nicht verharmlosen, denn aus solcher Entfremdung von Gott kommen böse Gedanken, böse Worte und böse Taten.

„Ach", mögen manche denken, „das ist übertrieben, wir sind doch nicht böse, wir sind nur Alltagsmenschen." Aber waren nicht die Römer und die Juden, die für die Kreuzigung verantwortlich waren, eigentlich auch nicht böse, sondern „nur Alltagsmenschen"? Die Priester und Schriftgelehrten stellten zu Recht fest, daß Jesus sich ständig an die Stelle Gottes setzte, mit göttlicher Vollmacht zu reden beanspruchte und göttliche Zeichen tat. Und darum sagten sie als „Alltagspriester", daß er sterben müsse, weil er sich übers Gesetz erhob, weil er Gott lästerte.

Sie hatten von ihrem Standpunkt aus recht, denn er hatte sich auch deutlich über Mose gestellt: „Mose sagte euch . . . ich aber sage euch . . ." Er hatte tatsächlich göttliche Rechte für sich beansprucht, aber die „Alltagspriester" und „Alltagsschriftgelehrten" wußten nicht, daß sie es auch tatsächlich mit Gott zu tun hatten in diesem Jesus von Nazareth. Beinahe kann man Mitleid mit ihnen haben, weil sie ihren eigenen Herrn, den König der Juden, nicht erkannten und statt dessen die Gesetze und ihre eigenen Auslegungen dieser Gesetze heiligten.

Gerade ihr Amt, ihr Festhalten am Gesetz, ließ sie blind sein für den Geist Gottes in Christus. Sie sahen den Buchstaben und verschlossen sich dem Geist. Sie fürchteten sich vor allem, was sie nicht verstehen und kontrollieren konnten, vor dem, über das sie nicht verfügen konnten. Und um dieses kleinlichen Denkens willen, um ihres allzumenschlichen Benehmens willen wurden sie mitverantwortlich für die Kreuzigung ihres Herrn. Ihr „Alltagsmenschsein" ließ sie zu Mördern werden.

Und ebenso ging es Pilatus. Er hätte Jesus befreien können, er allein konnte das letzte Wort sprechen, aber aus seiner „Alltagsangst" vor den Juden und aus seiner nichtalltäglichen Angst vor den Machtansprüchen Jesu erhob er seine Hand nicht zum Einhaltgebieten. Jesus bedrohte seine Stellung, wie er die Machtansprüche eines jeden von uns täglich in Frage stellt.

Pilatus aber wollte herrschen, als Machthaber im Lande bleiben, und so geht es oft auch in unserem Alltag zu: wir wollen weiterhin über unser Leben herrschen, und deshalb kreuzigen wir Jesus Tag für Tag. Wir können nicht zwei Herren dienen — uns und Jesus Christus —, gerade weil es auf beiden Seiten um einen absoluten und totalen Anspruch geht. „Ich will in Freiheit entscheiden", so heißt es dann, „als freier Mensch weiß ich, was richtig und was falsch ist, als mündiger Mensch spreche ich das letzte Wort!"

Und damit entscheiden wir uns wie die Priester und wie Pilatus gegen den Herrn. Es geht radikal um die Frage: Mein Wille, mein Weg, meine sogenannte Macht, oder sein Wille, sein Weg, seine Macht und Freiheit? Der Mensch in der Sünde antwortet: Mein Wille, mein Weg, meine Macht sind ausschlaggebend.

Darum brauchen wir nicht überrascht zu sein, daß alltägliche Menschen, Menschen wie Sie und ich Kriegsverbrecher geworden sind, Frauen und Kinder umgebracht haben. Und diese Möglichkeit ist durchaus nicht nur auf das deutsche Volk beschränkt, solche Dinge können überall geschehen und geschehen auch. Einem ganz alltäglichen Menschen wird befohlen, das Böse zu tun, und dann tut er es, weil er an die Mächte dieser Welt glaubt, an die Priester und Pilatusse dieser Welt — und nicht an den Herrn, an sein Wort, an seine Wahrheit.

Manchen erschreckt es heute, daß sehr junge Menschen, oft schon mit 12 oder 13 Jahren, in die Drogenszene geraten sind. Das Erlebnis des Bösen ist auch bei diesen Kindern schon das gleiche wie bei Erwachsenen, sie sind nicht weniger gefangen darin. Im Grunde sind sie noch Kinder, aber aus Neugier, wegen des Gruppendrucks, weil es Mode ist, machen sie mit und sind dann total verstrickt. Diese Kinder sind Menschen wie Sie und ich, nicht besonders böse in sich.

So unheimlich ist die Sünde, so tief reicht ihre Kraft. Wir können diese Mächte und Kräfte nicht verharmlosen. Wir Alltagsmenschen, Sie und ich, können ebenso leicht zum Massenmörder werden, wir brauchen nur den Druck von außen, nur die offizielle Erlaubnis, und schon begeben wir uns in eine Abhängigkeit hinein, in eine totale Gefangenschaft. „Ihr könnt nicht zwei Herren dienen . . ." Jesus von Nazareth zeigte uns auf seinem Kreuzesweg, wie erschreckend tief diese Macht der Sünde wirklich ist, und dann nahm er alles auf sich für die, die ihn verfolgten und verspotteten, für die, die ihn kreuzigten — für uns. Er starb, verachtet von der Welt, verachtet von den Alltagsmenschen, verachtet von den Juden, die sich den großen Befreier vom römischen Joch wünschen, ohne zu merken, daß der Gekreuzigte sie — uns — in einer viel größeren Tiefe befreien wollte: von unseren Wunschträumen, von unseren Plänen, von unserem Haß, von der Schuld und dem Tod.

Die Juden stehen hier symbolhaft für die ganze Welt: wir wollen einen Jesus nach unseren Wünschen, gütig und liebevoll, der uns immer gibt, was wir möchten. Wir wollen ihn für uns haben — er soll aber nicht über uns bestimmen. Die Haltung der Juden damals zeigt den „Alltagsmenschen" unverhüllt. Wir schreien nach einer Erlösung, wie wir sie uns vorstellen. Wir glauben nur, wenn Wunder geschehen und wir Heilungen vor Augen sehen, und halten an uns selbst, an unserem Volk, unserem Gesetz, unseren Wegen und Traditionen fest und kreuzigen den, der uns von all dem befreien will, der einen neuen Weg zeigt und bringt.

Inmitten dieser Schuld der Welt, inmitten ihrer Verkehrtheit, ihrer Selbstsucht, ihrer Selbstgerechtigkeit, ihrem Spott und Hohn hängt der Weltversöhner, der die Gemeinschaft der Sünder mit Gott wiederherstellt. .

Die Tiefe dieser Liebe, die Größe dieser Überwinderkraft bleibt unbegreiflich. Wie konnte er angesichts des totalen Versagens, der völligen Entblößung der menschlichen Natur rufen: „Vergib ihnen, denn sie wissen nicht, was sie tun" — wie konnte er gerade da schreien: „Es ist vollbracht!"?

Damit versöhnte er solche Alltagsmenschen, solche Verleugner, wie wir es sind.

Eine solche Liebe ist nicht zu verstehen. Sie hat nicht im Geringsten etwas mit unserem Verdienst zu tun. Der Lohn für Gottesmord kann nur in ewiger Verdammnis bestehen. Jesus aber antwortet mit neuem Leben, mit der Durchbrechung des Gesetzes und des Todesfluches, mit dem Weg zu neuem und ewigem Leben allein in ihm, durch ihn, im Glauben an ihn.

Diese Versöhnung reicht viel tiefer als unsere grenzenlose Schuld. Wir schreien: „Kreuzigt ihn!" Wir verspotten ihn: „Steig herunter vom Kreuz!" Unser Alltagsruf heißt: „Laß mich so leben, wie ich will! Gottes Anspruch interessiert mich nicht! Kreuzigt ihn!"

Und dann verlangen wir: „Steig von deinem Kreuz herunter, zeige deine Vollmacht für uns, wie wir sie sehen und haben wollen", so daß unsere verblendeten Augen, unser verblendeter Wille recht behalten, sich durchsetzen können.

„Mein Wille geschehe!", das ist der Ruf seines Volkes damals gewesen, und das ist der Ruf der Welt heute. Und er antwortet mit dem Kreuz, mit der Versöhnung, mit seinem Willen, der unser einziges Heil ist.

„Herr Jesus, wir sind nichts wert, nicht das Geringste haben wir aufzuweisen. Warum hast du uns nicht verlassen, damals am Kreuz – ein für allemal verlassen?

Aus einer Liebe heraus, die weit über alles menschliche Maß hinausgeht, hast du damals dem grenzenlosen ‚Nein' der Menschen ein umfassendes und endgültiges ‚Ja' entgegengesetzt, ein Ja zu allen denen, die dein Kreuz annehmen und bejahen, zu denen, die die Tiefe ihrer Schuld erkennen und dich als ihren Erlöser und Versöhner annehmen. Wir sind es nicht wert, aber wir preisen deine Liebe."

Weltliche Freude — christliche Freude

Wir ermahnen euch aber, liebe Brüder: Weist die Unordentlichen zurecht, tröstet die Kleinmütigen, tragt die Schwachen, seid geduldig gegen jedermann. Seht zu, daß keiner dem andern Böses mit Bösem vergelte, sondern jagt allezeit dem Guten nach untereinander und gegen jedermann. Seid allezeit fröhlich, betet ohne Unterlaß, seid dankbar in allen Dingen; denn das ist der Wille Gottes in Christus Jesus an euch. Den Geist dämpft nicht. Prophetische Rede verachtet nicht. Prüft aber alles, und das Gute behaltet. Meidet das Böse in jeder Gestalt. Er aber, der Gott des Friedens, heilige euch durch und durch und bewahre euren Geist samt Seele und Leib unversehrt, untadelig für die Ankunft unseres Herrn Jesus Christus. Treu ist er, der euch ruft; er wird's auch tun.

1. Thessalonicher 5, 14-24

Jede Aussage dieses Textes ist sicherlich eine Predigt wert. Was mir aber zuerst ins Auge springt ist: »Seid allezeit fröhlich.« Muß uns das jemand sagen, daß wir allezeit fröhlich sein sollen? Christen sind sicherlich nicht wie Politiker, besonders die der amerikanischen Art, welche immer lächeln, als ob das Leben selbst nur ein großer Spaß sei. Fotografen — ich denke hier vor allem an das Konfirmandenbild — wollen, daß wir immer lächeln, dann sieht das Bild besser aus. Deswegen lassen wir das Bild nicht vor der Konfirmation knipsen, wo jeder immer ernst dreinschaut, sondern nachher. Was soll das bedeuten, »Seid allezeit fröhlich«? Schauen nicht die meisten Menschen unter uns ernst drein, auch die Christen? Sind sie wirklich fröhlich?

Ich glaube, daß alle Aussagen unseres Textes Auslegungen, Schlußfolgerungen sind des Satzes: »Er aber, der Gott des Friedens, heilige euch durch und durch.« Fröhlich bedeutet hier nicht äußere Fröhlichkeit, immer lächeln, immer Spaß haben. Viele lächeln ja aus Verlegenheit, manche, wie ich öfters bei Freunden aus Asien merkte, als eine Art Maske, um ihren wirklichen geistigen und seelischen Zustand zu verbergen.

»Er aber, der Gott des Friedens, heilige euch durch und durch.«
Frieden bedeutet hier: Versöhnt mit dem Vater, dessen Zorn um
des Gesetzes, um der wahren Gerechtigkeit und Wahrheit willen,
eigentlich auf jedem von uns liegen müßte. Jesus hat uns ja in der
Bergpredigt gezeigt, was der Herr wirklich von uns haben will, nämlich Vollkommenheit: »Seid vollkommen, wie euer Vater im Himmel vollkommen ist.« Und zu dieser Vollkommenheit gehört ein
reines Herz — wer hat das, wer liebt immer seine Feinde — wer
kann das, ohne Haß und Begierde zu leben? Gottes Forderungen
liegen auf uns, oder besser gesagt — welches Glück! — auf Christus; denn er erfüllt das Gesetz, die ganze Bergpredigt, fleischlich
und geistlich. Er erfüllt sie für uns. Weil wir selbst unfähig dazu
sind, liegt Gottes Zorn auf uns, bis wir in Christus sind, in seinem
Frieden, versöhnt mit dem Vater.

Manche werden aber sagen: Nein, ich lebe, wie ich will, ich kann
auch glücklich, fröhlich sein ohne den Herrn. Äußerlich klingt das
recht überzeugend, aber, und dies Wort »aber« mit seinen vier
Buchstaben ist eines der größten Wörter in der deutschen Sprache
— ist das wirklich so? Können wir fröhlich, wirklich fröhlich sein
im Angesicht des Todes von Vater oder Mutter oder des Ehegatten? Können wir fröhlich sein im tiefsten und schrecklichsten Leiden? Können wir wirklich fröhlich sein, wenn uns vier oder fünf
große, schwierige Arbeiten in den nächsten Tagen bevorstehen? Unser Text sagt, daß wir allezeit fröhlich sein sollen. Das bedeutet,
daß Fröhlichsein unser bestimmender Zustand sein soll. Noch ge-
nauer: Ist unsere äußere Fröhlichkeit nicht eine Maske vor den anderen oder auch vor uns selbst, etwa um uns abzuschirmen gegen
nagende Fragen: Hat mein Leben wirklich einen Sinn? Wozu lebe
ich denn? Bin ich jetzt, wie ich bin, bereit zu sterben, wenn ich
abgerufen werde? Sind meine Lebensziele wirklich tragend? Glaube ich vielleicht nur an mich selbst? Wenn es so wäre, wie kann
ich alt und schwach werden, Leiden und Tod entgegengehen? Viele von uns sind äußerlich fröhlich auf Kosten ihrer Seele, denn wir
leben, wenn möglich, an solchen Fragen vorbei. Wir leben, ehrlich
gesagt, ohne das Leben selbst zu verstehen, ohne es im wahrsten
und tiefsten Sinne zu bewältigen.

»Er aber, der Gott des Friedens, heilige euch durch und durch.«
Hier wird gesagt, daß ich nur zu wahrer Versöhnung mit mir selbst,

mit dem Leben, mit dem Herrn komme, wenn ich den Gott des Friedens, nämlich Jesus Christus, der Frieden und Versöhnung mit dem Vater für uns am Kreuz gewonnen hat, als meinen Herrn und Heiland annehme. Das geschieht, indem ich meine Person ihm ganz und gar übergebe: Freude und Leiden, Not und Verzweiflung, Angst und Verlassenheit, das alles hat Jesus Christus am Kreuz für mich getragen.

Ich wurde innerlich zutiefst berührt von einem Gespräch nicht lange vor den Sommerferien. Ich sprach mit einer Frau, welche die Hölle der Schmerzen so erlebt hatte, daß sie mir sagte: »So umfassend waren diese Schmerzen, daß ich an gar nichts anderes denken konnte, auch nicht an Jesus.« Aber dann strahlte sie, als sie sagte: »Aber trotzdem wußte ich auch in diesen Schmerzen: Er trägt mich, er führt mich, er steht zu mir.« »Er aber, der Gott des Friedens, heilige euch durch und durch.« Heilig bedeutet in der Bibel, das was zu dem Herrn gehört. Die ganze Person dieser Frau war erfüllt von Leiden, Schmerzen und Not, aber trotzdem wußte sie: »Ich steh' in meines Herren Hand.«

»Fröhlich sein« bedeutet, daß Jesus Christus mein Herr und Heiland ist, daß sein Friede, seine Versöhnung mit dem Vater mir zugute kommen, daß ich Tag um Tag zutiefst wissen darf: Er, Jesus Christus, der allmächtige Herr, steht zu mir, er führt mich, er hebt mich auf, wenn ich gefallen bin, auf ihn kann ich mich verlassen und ihm vertrauen. Dieses Fröhlichsein, dieses Geheiligtsein durch und durch bedeutet nicht, was ich tue, sondern, was er für mich getan hat, sein Kreuzeswerk der Liebe, des Friedens und der Barmherzigkeit. Allezeit fröhlich sein heißt nicht, daß ich mich anstrengen muß, um wahres Glück zu erlangen, sondern er hat sich angestrengt, hat Leib, Geist und Seele für mich hingegeben, damit mir zugute kommt: Frieden mit dem Vater und damit ewiges Leben zugleich zu haben. Er, Jesus Christus, herrscht auch über die Zeit, über »alle Zeit«, und deswegen ist dieser Glaubenszustand, das Geheiligtwerden durch und durch, zeitlos geworden, denn der Herr ist Anfänger und Vollender der Zeit, auch meiner Zeit.

Es kommt nicht darauf an, daß ich als Christ mich äußerlich glücklich geben kann oder muß, auch nicht, daß ich als gefallener Mensch immer diese Fröhlichkeit spüre. Sondern das ist entscheidend, ob und daß Jesus Christus Herr meines Lebens ist, Tag um darf ich, trotz jeder Anfechtung, trotz jeder Not, trotz jeden Versagens wissen: Er wartet auf mich, auf meine Rückkehr zu ihm, und zwar mit offenen Armen, und er nimmt mich sogar mit Ehren an, denn: »Wenn ich nur dich habe, so frage ich nichts nach Himmel und Erde, wenn mir gleich Leib und Seele verschmachten, so bist du doch, Gott, allezeit meines Herzens Trost und mein Teil.« Manche Christen, sicherlich viele unter uns, beneiden manchmal die Gottlosen um ihr äußeres Glück. Wir sehen, wie sie sich austoben, wie sie anscheinend gar nichts bekümmert — so daß viele von uns denken: Oh, ich würde gern so fröhlich sein. Was wir aber nicht merken, ist, was hinter der feinen Fassade des äußeren Glückes dieser Personen geschieht. Wie viele Leiden müssen auch sie ertragen, in Krankheit, in der Familie, im Altwerden, im Schwachwerden. Und ihr Versuch, diese Wirklichkeit des Lebens zu überdecken, ist zugleich ein Versuch, die Wahrheit nicht zu sehen, wie sie wirklich ist. Ihre Fröhlichkeit ist Selbstbetrug. Sie wollen nicht sehen, wie es wirklich um sie steht. Sie geben sich froh und glücklich, aber in ihrem Herzen sieht es ganz anders aus. Wir Christen leiden auch, aber in dieser Not können wir ehrlich mit uns selbst umgehen, ihr und allem Elend ins Gesicht schauen, denn wir wissen, unser Heiland Jesus Christus ist unser Leidenskönig. Er litt für uns an Leib, Geist und Seele und starb sogar für uns. Im Leiden und in der Verlassenheit können wir auf ihn vertrauen, wo die weltlich Fröhlichen keinen wahren Halt haben. Deswegen ist auch unsere Freude, unsere Fröhlichkeit echt. Wir leiden zwar an uns selbst, an unseren Grenzen und Schwächen, aber wir wissen, Christus nimmt diese ganze Not von uns, spricht uns frei, und schafft uns damit Frieden und Versöhnung mit dem Vater. Und wir werden allezeit fröhlich sein mit ihm, in seinem Reich, welches ein Reich der Erlösung, der vollkommenen Freude ist.

Gekreuzigt durch wen?

Sonst hätte er oft müssen leiden von Anfang der Welt her. Nun aber, am Ende der Zeiten, ist er einmal erschienen, durch sein eigen Opfer die Sünde aufzuheben. Und wie den Menschen gesetzt ist, einmal zu sterben, danach aber das Gericht: So ist Christus einmal geopfert, wegzunehmen vieler Sünden; zum andern Mal wird er nicht um der Sünde willen erscheinen, sondern denen, die auf ihn warten, zum Heil.

Hebräer 9, 26 b–28

Warum brauchen wir einen solchen Herrn? Einen Herrn, welcher gekreuzigt wird, langsam zu Tode gequält, einen Herrn, welcher anscheinend hilflos und machtlos starb? Warum brauchen wir solch einen Herrn?

Die Juden haben diese Frage im allgemeinen so beantwortet: Er kann nicht der Herr sein, weg mit ihm, kreuzigt ihn, laßt ihn verflucht sein, wie es im heiligen Gesetz steht: „Verflucht ist der, der am Holze hängt." Für die damaligen Juden war Jesus wie für uns Christen heute mehr als eine Herausforderung. Ihre Priester waren erstaunt und entsetzt, als Jesus das Gesetz zutiefst in Frage stellte und mit diesem Gesetz umging, als ob es ihn nicht wirklich angehe – Gottes heilige, unverbrüchliche Ordnung mit der Welt. Jesus hebt mit einem Satz das ganze Reinheitsgesetz auf „Ihr seid nicht verunreinigt durch das, was ihr eßt, sondern durch das Dunkel in euren Herzen." Der ganz tiefe Sinn dieses Reinheitsgesetzes für Israel war jedoch, daß sie abgesondert sein sollten von der Welt. Sie sollten würdig sein, dieser verunreinigten Welt das Heil zu bringen, ihren Messias. Und jetzt redete Jesus, der Jude Jesus, als ob Juden gar nichts besonderes, sondern beide, Juden und Heiden unrein, zutiefst unrein im Innersten, im Herzen wären.

Und der Sabbat, der Tag der Gottesruhe! Dieser Jesus ging mit diesem Gesetz souverän um, fast als ob es allein für ihn da wäre, für ihn auszulegen und sogar zu durchbrechen. Hat er nicht seinen Jüngern erlaubt, von den Gewächsen der Felder am Sabbat zu essen, in Gottes Ordnung, in seine Ruhe einzubrechen, und hat er nicht auch am Sabbat geheilt? Was wäre der Alte Bund ohne den Sabbat, ohne Gottes Ruhe, ohne seine damit verbundene große Erwartung auf die messianische Erfüllung von Gottes Frieden, sein Schalom. Und hier kam ein Jude, dieser Jesus, und ging mit Gottes Gesetz um wie mit einer unbegrenzten Freiheit. Hat er nicht auch Menschen freigesprochen von ihren Sünden, ohne Gott die Ehre zu geben? Das war Gotteslästerung! Unmöglich – kreuzigt ihn! Die Empörung der Juden gegen Jesus erreichte ihren Gipfel, als er gekreuzigt war. Jetzt sehen wir, wie es wirklich mit ihm steht. Gottes heiliges Gesetz verflucht ihn, und sein Volk verhöhnt ihn: „Steig von deinem Kreuz hernieder, wenn du Gottes Sohn bist. Wenn du unser König bist, warum hast du uns nicht befreit? Du bist ein Verfluchter, ein Verlorener, das Gesetz hat das letzte Wort über dich ausgesprochen."

Und es war auch gang und gäbe im christlichen Abendland, das Verbrechen, ihn, unseren Herrn und Heiland, umgebracht zu haben, den Juden zuzuschieben. *Sie* haben ihn gekreuzigt, *sie* sind seiner nicht wert. – Und wir?

Öfters werde ich gefragt: „Sind die Juden nicht verflucht? Sie haben doch Jesus umgebracht." Ich antworte im Sinne von Karfreitag: „Nur wer Jesus umgebracht hat, kann von ihm gerettet werden." Hat Jesus nicht ständig gesagt, er sei nur zu den Verlorenen, den Sündern, den Ausgestoßenen gekommen, zu denen, welche wirklich einen Arzt brauchen, nicht zu den Gerechten, den Selbstgerechten. Wenn nur die Juden verantwortlich sind für Jesu Tod, dann können nur sie von ihm gerettet werden, denn das Kreuz setzt tiefste Schuld von uns voraus, auch von uns Christen.

Wollen wir wirklich einen Mittler des Neuen Bundes? Wollen wir bewußt als Sündige dieses Erbe mitantreten, dieses Leidenserbe und die tiefste Schuld als Gottesmörder, welche wir den Juden zugeschoben haben für Jahrhunderte und Jahrtausende, oder wollen wir wie die damaligen Juden unser Reinheitsgesetz, unsere Art von Sabbatruhe, unsere Art uns freizusprechen, freigesprochen zu werden von Sünden? Wir als Neuer Bund sind im tiefsten Sinne Miterben dieses Versagens Gott gegenüber, Christus gegenüber, weil wir Jesus täglich weiterhin kreuzigen, *genau in der gleichen Art und Weise wie die damaligen Juden.* Wollen wir nicht auch unsere Ruhe? Gerade unsere Sonntagsruhe? Das bedeutet für die meisten lange schlafen, Ausflüge machen, Sport treiben… „Laßt mich in Ruhe – ich will meine Ruhe haben." Wir arbeiten die ganze Woche, damit wir in unserem Sinne am Sonntag zur Ruhe kommen. Die damaligen Juden haben zumindest am Sabbat ihren Schöpfer geehrt, ihn in den Mittelpunkt gestellt. „Jeden Sonntag in die Kirche gehen, das ist mir zu viel, ich bin auch ein guter Christ, aber ich brauche *meine* Ruhe." Bekommen wir wahre Ruhe, Frieden, Schalom durch unsere Entspannungskünste, oder bleiben wir dem Herrn etwas schuldig, dem Gekreuzigten, weil wir seinen Tag in seinem Sinne nicht mehr beachten? Nein, wir wollen diesen Gekreuzigten auch nicht sehen, vorne über dem Altar, wir kehren ihm unseren Rücken, wir gehen in den Wald oder sonst wohin. So haben auch seine Jünger, außer Johannes, dem Gekreuzigten ihren Rücken gezeigt.

Wir wollen *unsere* Reinheit, wie sie uns gefällt. Durch unsere Putzwut haben wir saubere Autos, schöne, glänzende Wohnungen, das ist unsere *sichtbare* Reinheit. Öfters baden, schwimmen gehen. Ein Seitensprung, was ist das schon? Viele machen es. Und Pornohefte, „Frei-ab-18-Filme" und so. Die damaligen Juden haben mindestens versucht, die Reinheit zu erhalten, nicht nur im äußeren Sinne. Aber es gelang ihnen nicht wegen ihrer schmutzigen Gedanken. *Wir* fehlen noch viel tiefer in der Tat selbst, in Ehebruch, Diebstahl. Beide waren im damaligen Israel fast Fremdkörper, so selten wie Ufos heutzutage. Aber suchen wir in unserem Schmutz wirklich die Reinheit bei und in Christus, welcher zu uns sagt: „Kommet her zu mir, ihr Mühseligen und Beladenen", oder machen wir weiter mit unserer Putzwut, unseren sauberen Autos und dergleichen, mit *unserer* Reinheit. Aber *seine* Reinheit lehnen wir genauso ab wie die damaligen Juden. Wir leben so gut und ordentlich wie wir können, wenn die Welt nur so wäre wie wir…

Warum brauchen wir überhaupt jemand, der uns von unserer Schuld freispricht? Wir sind doch gute Bürger, nicht wahr? Wir versuchen, es so gut wie möglich zu machen, wir leben anständig, *und damit sprechen wir uns selbst frei von unseren Sünden.* Dieses Lied der eigenen Unschuld, dieser pharisäische Gesang zeigt uns, wie viel schlimmer es mit uns wirklich steht als mit den damaligen Juden. Jene Juden haben ihr Pharisäertum, ihr „Gott sei Dank, ich bin so und nicht wie dieser Zöllner" durch ihren Glauben bestimmen lassen, aus dem, was sie für Gottes Gnade gehalten haben, durch ihr Gesetzeswerk. Unser Gesetzeswerk hat gar nichts mehr mit dem Herrn zu tun, oder sehr wenig, sondern mit unserer Gerechtigkeit. Wir sind in Ordnung, weil wir richtig leben oder mindestens versuchen, es zu tun. Sind wir dann wirklich besser als die damaligen Juden, oder kreuzigen wir nicht täglich unseren Christus mit unserem „Ihn-nicht-Beachten"? Dafür beachten wir uns um so mehr.

Der gekreuzigte Christus ist *unser* gekreuzigter Christus, *wir* haben ihn ans Kreuz genagelt, weil er eine wahre Ruhe bietet und unsere selbstgemachte Ruhe in Frage stellt, unsere sonntäglichen Selbstentspannungen; weil seine Reinheit, seine Vollkommenheit unerträglich ist für uns selbstgerechte und innerlich verschmutzte moderne Menschen. Der gekreuzigte Christus ist unser gekreuzigter Christus, weil wir uns immer selbst freisprechen von unserer Schuld. – Machen es nicht andere genauso, und versuchen wir nicht, das Gute zu tun? Er paßt nicht zu unserer Selbstgerechtigkeit, darum kreuzigt ihn, verlaßt ihn da über dem Altar, kehrt ihm den Rücken. Er ist nicht, wie wir ihn haben wollen. Warum macht er die Welt nicht besser, warum hängt er nur einsam, verlassen, anscheinend machtlos am Kreuz. Laßt ihn, wir gehen unsere Wege...

Wer das alles sieht und weiß: ich bin unrein in Worten, Gedanken und Taten, ich lebe nach meinem selbstgemachten Gesetz ein gottfernes Leben in gesetzlicher Routine, ich suche Ruhe und lebe in Angst und Unruhe, ich will Gott haben, wie *ich* ihn haben will; wer das alles sieht und weiß, der nehme dieses Kreuz auf sich und folge ihm, dem Heiland nach. Bei ihm ist viel Vergebung, wenn wir wissen, wie es um uns wirklich steht und ihn um Vergebung und Führung bitten. Wer das alles weiß, verbeuge sich unter seinem Kreuz, unter seiner Schmach, denn das ist unsere Schmach, die Last unserer Schuld, die er täglich für und mit uns trägt. Wer das alles sieht und weiß, der darf im tiefsten getröstet sein, denn Christus ist für ihn auf die Erde gekommen, ließ sich für ihn kreuzigen, für die Sünder, für die, welche zutiefst wissen, wie sie täglich gegen ihn leben.

„Herr Jesus Christus, du unser Opferlamm, nimm uns an, denn wir sind Verlorene, denn *wir* sind verantwortlich für dein Kreuz, wir sind hilflos, total arm und schwach ohne dich. Nimm uns an in deiner erlösenden Armut und Schwachheit am Kreuz, nimm uns an, wie wir wirklich sind, ohne Verdienst und ohne Wert in uns. Wir loben dich, wir preisen deine unendlich große Geduld und Barmherzigkeit."

Die Unsichtbarkeit Gottes

Es ist aber der Glaube eine gewisse Zuversicht des, das man hofft, und ein Nichtzweifeln an dem, das man nicht sieht.

In solchem Glauben haben die Alten Zeugnis empfangen. Durch den Glauben erkennen wir, daß die Welt durch Gottes Wort gemacht ist, so daß alles, was man sieht, aus nichts geworden ist.

Durch den Glauben ward gehorsam Abraham, als er berufen ward, auszugehen in ein Land, das er erben sollte, und er ging aus und wußte nicht, wo er hinkäme. Durch den Glauben ist er ein Gast gewesen in dem verheißenen Lande wie in einem fremden und wohnte in Zelten mit Isaak und Jakob, den Miterben derselben Verheißung; denn er wartete auf die Stadt, die einen festen Grund hat, deren Baumeister und Schöpfer Gott ist.

Hebräer 11, 1 − 3; 8 − 10

Es geht um die unsichtbare Wirklichkeit Gottes, wie wir sie im Glaubensgehorsam erfahren.

Wenn wir heute mit Menschen über unseren christlichen Glauben sprechen, hört man vielfach die Frage, wie man wohl an etwas glauben kann, dessen man nicht sicher sein kann. Es ist unmöglich, Gott zu sehen, zu hören. Wie sollte man hundertprozentig wissen, daß es ihn gibt?

Wir wollen diese Frage einmal umgekehrt stellen: Gibt es in dieser Welt nur die Dinge, die man sehen, hören oder berühren kann? Ist damit alles erklärt, was uns in dieser Welt begegnet? Und wenn es wirklich nur das gäbe, was sich physisch wahrnehmen läßt, könnte diese Welt dann einen Sinn haben?

Beginnen wir beim Menschen. Keiner bezweifelt, daß es Menschen gibt. Wir können sie sehen, hören, betasten. Aber ist der Mensch nur ein körperliches Wesen, das man physisch wahrnehmen kann? Was ist dann mit der Welt unserer Gefühle, mit unserem geistigen Dasein? Unsere Gefühle sind nicht zu sehen, zu hören oder betastbar, aber sie sind da. Wir erkennen es, wenn wir lieben oder hassen, wenn wir Angst haben oder Freude erleben.

Ein menschliches Dasein ohne Gefühle wäre unmenschlich und sinnlos. Was wäre ein Leben ohne Liebe und Leiden, ohne Freude und Aufregung? Unser Leben gewinnt seinen Tiefgang aus diesem Bereich. Wer ohne Gefühle lebt, ist im wahrsten Sinne leblos.

Doch nicht nur unsere Gefühle sind unsichtbar und doch vorhanden, wahrzunehmen, sondern auch unsere geistige Welt ist nicht zu übersehen. Was wären wir ohne unsere Gedanken und Träume, ohne Kunst und Musik, ohne Literatur und Philosophie? Wir wären arm, sehr arm.

Wir können ein Bild zwar mit unseren Augen betrachten, aber der Maler selbst schafft es aus dem Nichts, aus seiner Vorstellungswelt heraus bringt er es auf die leere Leinwand. Und wenn wir die Werke großer Künstler richtig betrachten, dann sehen wir nicht nur Farbe und Form, Linie und Fläche, sondern wir erleben auch etwas von dem innewohnenden Geist, der das Bild lebendig macht und beseelt. Man kann ihn nicht sehen, hören, betasten, aber man spürt seine Wirkung.

Ähnlich ist es mit der Musik. Wir hören sie, aber wenn wir bedeutende musikalische Werke im tiefsten Sinne erleben, dann begegnet uns noch mehr, eine Welt von Gefühlen tut sich da auf, Zeit und Raum gewinnen andere Dimensionen — und das alles kommt aus dem Nichts, aus der Stille.

Von Haydn sagte man, daß seine Pausen noch stärker wirkten als seine Musik. Diese Pausen sind voller Spannung, in dieser Stille, diesem Nichts öffnet sich unsere Seele ins Innerste hinein, spürt man die Nähe Gottes.

Und so geht es auch mit der Dichtung und der Vermittlung hoher geistiger Werte. Das geschriebene Wort ist zwar zu sehen, zu lesen, aber die Inspiration der Dichter, die Gedanken der Philosophen sind aus dem Nichts entstanden, und ihr tiefer Gehalt ist nur durch ein inneres, feines Nachspüren, durch ein Gemisch aus Verstand und Einfühlungsvermögen wahrzunehmen.

Um es in einem einfachen Bild noch einmal darzustellen: Das sinnlich Wahrnehmbare spricht nur einen kleinen Teil unserer Person an. Wenn wir mit einer Gruppe auf einen Berg steigen, um einen Sonnenuntergang zu betrachten, sehen wir zwar alle das Naturereignis, aber von zehn verschiedenen Personen würden es kaum zwei auf die gleiche Art sehen und, wenn sie es malen sollten, wohl sehr verschieden darstellen. Und vielleicht würden wir vor allem die Müdigkeit vom Weg den Berg hinauf, das Herzklopfen und die Abkühlung empfinden. Aber das alles wäre ja doch nur ein sehr geringer Teil von dem, was wir wirklich erleben.

Vielleicht freut sich einer besonders an der Größe des Sonnenballs, der andere mehr an den goldrot gefärbten Wolken, ein dritter an den Perspektiven, die sich vom Berggipfel aus ergeben, ein vierter läßt seine Gefühle in all das hineinspielen und empfindet sie durch die Farbakzente intensiver.

Auch das Sichtbare läßt sich nicht immer so einfach beschreiben. Jeder sieht mit anderen Augen, die Wahrheit ist auch hier subjektiv geprägt, nicht allgemeingültig. Der gleiche Sonnenuntergang auf dem gleichen Berg zur gleichen Zeit bedeutet doch für jeden von uns etwas Verschiedenes.

Unsere Gedanken und Gefühle, unsere Müdigkeit und unsere Stimmungen färben auch ein solches Erlebnis, so daß es nur persönlich gewertet werden kann. Das heißt, daß wir die Wahrheit einer Sache noch nicht erfassen, wenn wir sie sehen, hören oder betasten können, weil diese Art der Wahrnehmung eine subjektive ist. Unsere Erlebnisse sind immer mehr als, was die physische Wahrnehmung umfaßt, unsere Gedanken spielen eine weitreichende Rolle dabei.

Darum kann Sehen, Hören und Betasten kein Maßstab für die Wirklichkeit einer Erfahrung sein, ihre volle Bedeutung bekommt diese erst im Bereich der Gefühle und des Geistes. Ein solches Erlebnis wie das des Sonnenuntergangs wird bei zehn Menschen in physischer und geistiger Hinsicht auch zehnfach verschieden sein.

Damit steht die Frage im Raum: Woher nehmen wir dann den Maßstab für die Wirklichkeit? Die meisten Menschen antworten darauf, ohne viel darüber nachzudenken: Was *ich* sehe, was *ich* höre, was *ich* fühle, was ich denke, was ich begreifen kann, das ist *die Wahrheit.*

Wir machen uns unbewußt meist zum Maßstab aller Dinge. Dieser Standpunkt ist aber unhaltbar, einmal weil wir nicht allein in dieser Welt leben, und, was noch viel bedeutungsvoller ist, weil wir über unsere Gefühle, selbst über unsere tiefsten Gedanken gar nicht wirklich Herr sind. Liebe und Haß „kommen über uns".

Die Welt unserer Empfindungen bringt immer wieder Überraschungen mit sich. Die größten Dichter und Denker, selbst Naturwissenschaftler wie Einstein, haben von Inspiration geredet. Plötzlich ensteht ein Einfall. Aus dem Nichts tauchen Gedanken, Gedichte, Musik auf.

Daran wird offenbar, daß wir über unsere Gefühle nicht allein bestimmen können, oft nicht einmal ganz und gar über unsere Gedanken.

Wie können wir dann Maßstab für die Wirklichkeit sein? Und außerdem sind wir alle sterblich. All unser Erleben hört mit dem Tode auf. Wie kann es dann Maßstab für die Wahrheit sein?

Alles, was ist, alles, was war, und alles was sein wird besitzt einen inneren Zusammenhang. Wir kennen nicht alle Gesetze, die hinter der Schöpfung stehen, und wir wissen nicht um die tiefsten geschichtlichen Zugehörigkeiten, aber wir empfinden von uns selbst, daß wir eine Persönlichkeit sind, auch wenn wir uns ständig ändern, und daß die Weltgeschichte ein Prozeß, ein Fortgang ist, auch wenn sie öfters rätselhaft für uns bleibt, und wir spüren, daß die ganze Schöpfung eine Einheit ist, daß Blumen und Bäume, Tiere und Menschen irgendwie zueinander gehören. Dieses Wissen, das tief in uns steckt, ist eine Gotteserkenntnis. Es wird uns dabei klar, daß hinter allem, was wir sehen, hören und betasten, einer steht, der Sehen, Hören, Tasten erst ermöglicht hat.

Und wir wissen, daß uns die Liebe, die doch so lebensnotwenig ist, als Geschenk gegeben worden ist, daß sie menschlich nicht machbar und auch nicht erklärbar ist. Wir wissen auch, daß wir in Leben und Geschichte hineingenommen sind, daß sie sich aber nach ihren eigenen Wegen und unsichtbaren Gesetzen vollziehn.

Es gibt nur eine einleuchtende Erklärung für die Einheit

der Schöpfung, für den Fortgang der Geschichte, für das Geheimnis unserer eigenen Person: daß nämlich einer diese Welt und was auf ihr lebt und webt, geschaffen hat, daß einer den Menschen innerhalb einer Geschichte erschaffen hat, die er, der Schöpfer selbst mitbestimmte, daß einer uns, trotz allen Wandels in uns, als Persönlichkeit erschaffen hat, daß einer die Liebe möglich gemacht hat, daß unser Leben einen wahren und tiefen Sinn haben kann, daß wir nicht nur Augen, Ohren und Finger haben, sondern auch die Möglichkeit zu fühlen und zu denken, daß wir aus dem Nichts, aus dem er die Welt erschuf, die tiefsten menschlichen Erlebnisse haben dürfen.

Ohne unseren Herrn, ohne sein Schöpferwort wäre das alles nicht möglich, wäre die ganze Welt, die Geschichte, die Liebe, die innere Wahrheit nicht zu erklären, nicht zu verstehen. Ohne ihn existiert nichts, und aus dem Nichts hat er alles durch sein Wort geschaffen, nach seinem unsichtbaren und nur zum kleinsten Teil von uns enträtselten Gesetz gemacht.

Die eigentliche Aussage unseres Textes besteht nun nicht in der Feststellung, daß unser Sehen, Hören, Tasten die Wahrheit nicht umfassen kann, weil es zu wenig ist, zu persönlich ist, um allgemeingültig oder auch nur für uns selbst Maßstab zu sein, sondern die eigentliche Aussage geht dahin, daß die Wirklichkeit außerhalb des von uns Gesehenen, Gehörten, Betasteten bestehen muß, weil dieses ja alles vergänglich und sterblich ist und nur der Schöpferherr und Erlöser Jesus Christus, den wir nicht sehen können, unsterblich ist und mit ihm seine Liebe, seine Wahrheit, sein Wort, das uns durch Liebe und Wahrheit zu ihm ruft, zum Leben ruft, das uns von Selbstsucht, vom Glauben an uns selbst, von der Bestimmung über uns selbst befreit und heilt.

Die großen Glaubenden sind alle einen gemeinsamen Weg gegangen — Abel und Noah, Abraham, Mose und David, Jeremia, Hiob, Petrus, Paulus und Johannes. Jeder, der vom Herrn berufen wird, weiß: „Ich bin nicht genug, ich kann die Welt nicht verändern und erlösen, ich kann das Böse nicht überwinden, ich kann die Liebe nicht in die Welt bringen, ich kann meinem Leben keinen wahren Sinn geben. Darum sollst du, Herr, meinen Weg bestimmen."

Abraham wurde aus seiner Sippe gerufen, um dem Herrn in ein Land zu folgen, das er gar nicht kannte, das ihm auch nicht genannt wurde. Er mußte folgen, viel aufgeben: Land, Sippe, Tradition der Familie. Er gehorchte, weil er wußte, daß dieser Herr, der ihn rief, der Herr seines Lebens war, in dem allein der wahre Sinn seines Lebens zu finden war.

Noah machte sich lächerlich, als er in einer Zeit großer Trockenheit eine Arche baute. Die Wasserlosigkeit ringsum war für jeden erkennbar.

Aber Noah hatte viel tiefer gesehen, er hatte im Nichts des Herrn Wahrheit geschaut, und er gehorchte.

David erlebte an seinem eigenen Leib, daß Selbstermächtigung in den geistigen Tod führte, in Ehebruch und Mord. Und bei aller weltlichen Macht, die er besaß, bereute er nun seine Sünde und suchte den Herrn, um den Weg ins wahre Leben zurückzufinden. Den Anlaß dazu hatte eine Weisung aus dem Unsichtbaren gegeben, ein Traum seines Propheten Nathan.

Johannes hat mehr als alle anderen Jünger die Kraft der Liebe, die in Jesus Christus ist, zutiefst erlebt. Diese unsichtbare Kraft ist viel tiefer, viel wirklicher als alles, was wir sehen, hören und betasten können. Aus dieser Liebe heraus stand Johannes am Kreuz, als der vom Gesetz verfluchte Jesus seine unsichtbare Erhöhung erlebte.

Wo gibt es unter uns einen Abraham, einen Noah, einen David, einen Johannes? Wer ist sich bis in die Tiefe seines Seins dessen bewußt: Ich bin ein dem Tode Geweihter; alles, was ich sehe, höre, betasten kann, ist dem Sterben geweiht. Aber wie Hiob weiß ich, daß mein Erlöser lebt, ich weiß, daß er die Welt aus dem Nichts geschaffen hat, daß er für mich durch den Tod gegangen ist, wegen meiner Schuld, wegen meinem Glauben an mich selbst, wegen meiner Selbstbestimmung über mein Leben.

Wer das erkannt hat, der stellt sich auf die Seite des unsichtbaren Herrn., den er zwar nicht sehen kann, der aber doch wirklicher ist als seine eigene Person.

Liebende wissen um die unendliche Kraft der Liebe, Glaubende wissen um die unendliche Kraft des Glaubens,

Hoffende wissen um die unendlich große Kraft der Hoffnung. Und sie wissen gleichzeitig, daß Liebe, Glaube und Hoffnung unsichtbar und im Geheimnis Christi begründet sind. Sie sind wirklicher als die ganze äußere Welt, wirklicher als alles Sehen, Hören und Betasten.

Gelobt seist du, Herr Jesus Christus, in Zeit und Ewigkeit, unser Schöpfer, unser Erlöser und unser Vollender.‟